Das keine-Panik-Kochbuch für Väter

Tatjana Novak + Gabi Weiss

Mit Fotografien von Harald Eisenberger

Christian Brandstätter Verlag

Keine Panik – das Kochbuch für Väter

Sie haben dieses Kochbuch geschenkt bekommen und fragen sich jetzt, was SIE damit anfangen sollen! Wo doch Wasser anbrennen lassen zu Ihrem Repertoire gehört. Keine Panik – schenken Sie es einfach weiter: Einer Ihrer Freunde wird sicher demnächst Vater, oder?

Eine andere Idee: Reißen Sie den Umschlag von diesem Buch und stecken Sie einen spannenden Roman hinein. Wie Sie ohne zu kochen an gutes Essen kommen, lesen Sie auf Seite 37.

Oder: Sie machen das Buch zu Ihrem Buch. Kritzeln Sie Ihre Bemerkungen dazu, notieren Sie, was leicht zu kochen ist, was Sie anders machen würden, was Ihrer Partnerin besonders gut geschmeckt hat. Oder was sie gar nicht mag. So wird dieses Buch zur echten Schützenhilfe.

Viel Spaß!

PS: Und keine Panik!

(Hier hat Ihr Foto vom
jüngsten Sprössling Platz.)

Sie haben hier über 100 Rezepte vor sich liegen, die von ganz leicht bis leicht eingestuft sind.

Ein Löffel bedeutet:
„Das schaffe ich mit links."

Zwei Löffel stehen für:
„Das schaffe ich schon."

Drei Löffel heißen:
„Das ist auch noch zu schaffen."

Übrigens: Die Rezepte wurden von Männern getestet, die nicht die leiseste Ahnung vom Kochen haben. Und die haben die meisten Hürden genommen.

Sämtliche Rezepte außer dem Karottensaft auf Seite 12 sind für 4 Personen berechnet.

Impressum

Bibliografische Information der Deutschen Nationalbibliothek
Die Deutsche Nationalbibliothek verzeichnet diese Publikation in der Deutschen Nationalbibliografie; detaillierte bibliografische Daten sind im Internet über http://dnb.d-nb.de abrufbar.

1. Auflage

Danke an IKEA Österreich für Gabel, Messer, Scher und Licht-Blicke.

Idee, Konzept und Rezepte: Tatjana Novak
Konzept und Texte: Gabi Weiss
Grafische Gestaltung: Andrés González Torrejón, crème fresh creativteam, www.cremefresh.at
Fotografie und Reprografie: Harald Eisenberger, www.eisenberger.co.at
Fotoassistenz: Lydia Fuis
Covermodel: Harry Trittner
Assistenz beim Kochen fürs Fotografieren: Max Novak

Druck und Bindung: Grasl Druck & Neue Medien, Bad Vöslau

ISBN 978-3-85033-232-3

Christian Brandstätter Verlag
GmbH & Co KG
A-1080 Wien, Wickenburggasse 26
Telefon (+43-1) 512 15 43-0
Telefax (+43-1) 512 15 43-231
E-Mail: info@cbv.at
www.cbv.at

Inhalt

Ganz leicht!

Salate

Beilagen (die aber teilweise auch als Hauptspeisen durchgehen …)

Vegetarische Hauptspeisen

Fleisch- & Fischgerichte

Schmeckt köstlich!

Süßes

cooking is l

Vorwort

Drei Wochen vor der Geburt meines Sohnes im Sommer 2006 fragte mich meine Freundin Tatjana, die Initiatorin und Autorin dieses Buches, wie ich mir mein Leben mit Kind vorstellen würde. Ich hatte gerade einen Umzug von Berlin nach Wien absolviert, endlich alle Kisten ausgepackt und wollte mich jetzt in erster Linie ausruhen. Also antwortete ich knapp: „Na, eh so wie bisher, nur eben mit Kind."
Tatjana erzählte mir daraufhin, dass sie in der ersten Zeit mit ihrem Kind kaum zum Essen gekommen sei. Das intensive Stillen, Babyherumtragen und Aufräumen forderte Zeit. Ich hörte nur mit einem Ohr zu, denn ich war mir sicher, dass im Prinzip alles so weitergehen würde wie bisher. Nur eben mit Kind.

Und dann kam alles anders. Nikolai war ein süßes, aber waches Kerlchen, das wenig schlief und alle zwei Stunden gestillt werden wollte. Das konnte man ihm bald ansehen: Nach drei Monaten hatte er sein Geburtsgewicht verdoppelt, sah aus wie ein Wonneproppen, während ich immer mehr einer dünnen grauen Maus glich. Ich war sehr erschöpft und oft erkältet. Und trotzdem war ich auf eine völlig neue Weise glücklich.

Tatjana war auch in dieser Zeit eine gute Freundin. Sie kochte immer wieder Kraftsuppe für mich, brachte köstliche Speisen mit und weihte meinen Mann in das Zubereiten von einfachen Gerichten abseits der klassischen Nudeln mit Tomatensauce ein. Ab sofort war in unserem Kühlschrank immer etwas Gutes, das ich mir schnell aufwärmen konnte. Und wenn mich der Heißhunger überfiel, standen schon kalorienreiche, stärkende „Energiebällchen" bereit. Ich wurde wieder aufgepäppelt, kam zu neuen Kräften.

Während in manchen anderen Kulturen junge Mütter von den Frauen ihrer Umgebung versorgt werden, ist diese Form des Zusammenlebens bei uns nur noch selten zu finden. Wir leben in Zeiten der berufstätigen Großmütter und viel beschäftigten Freundinnen. Wir brauchen die Männer.

Die Vorstellung, dass junge Väter mit diesem Kochbuch ihre Berührungsängste dem Kochen gegenüber überwinden können, gefällt mir sehr. Und dass sie dabei ihre Partnerin mit stärkender Nahrung versorgen, ist von großer Bedeutung: Gutes Essen baut die Essenz der Frau, die bei der Schwangerschaft, Geburt und während der Stillzeit stark beansprucht wird, wieder auf. Gutes Essen ist jetzt essenziell!

Doris Schretzmayer

Ins Fettnäpfchen treten

Sie wussten es. Von Anfang an. Seit dem Moment, da Ihre Partnerin Ihnen gesagt hat, dass sie schwanger ist. Sie wussten, dass sich etwas verändern würde. Und: Sie hatten neun Monate Zeit, um sich auf die Veränderungen in Ihrem Leben einzustellen. Aber wirklich verstehen konnten Sie die Sache erst, als Sie bepackt mit Einkaufstaschen voller Lebensmittel vor der Tür standen und den Hausschlüssel suchten. Sie öffneten die Tür und waren Vater. Ihre Bestimmung hatte Sie eingeholt.

Und: Haben Sie schon Vorsätze gefasst? Nur nicht wie der eigene Vater werden? Nur ja nicht die gleichen Fehler machen? Unbedingt dem Rollenbild eines Vaters entsprechen, der immer da ist, sich allen Herausforderungen stellt und ihnen auch noch gewachsen ist. Immer präsent sein und alle Stimmungsschwankungen wahrnehmen, das kleine Boot mit dem Namen „Familie“ auf Kurs halten, wissen, was richtig ist, die Nerven bewahren, über den Dingen stehen und einen klaren Kopf behalten?

Da haben Sie sich ganz schön viel vorgenommen.

Dann kommt es aber auf einen Punkt mehr oder weniger auch nicht mehr an. Und dieser heißt: Machen Sie Fehler. Ja, Sie haben richtig gelesen: Machen Sie Fehler. Am besten bis zu zwanzig am Tag, das ist normal. (Ab fünfzig Fehlern sollten Sie sich professionelle Hilfe holen, aber bis dahin wiegen Sie sich in Sicherheit.) Machen Sie Fehler. Sie haben die offizielle Erlaubnis dazu. Nur machen Sie bitte den einen nicht: perfekt sein zu wollen. Perfekte Väter haben Stress, und wohin das führt, können Sie ja ahnen. Perfekte Väter sind langweilig, denn sie beschäftigen sich ausschließlich damit, die Fettnäpfchen, die sich vor ihnen auftun, zu umrunden und nur ja in keines hineinzutreten. Ihr Kind weiß noch nicht einmal, was ein Fehler ist. Ihr Kind weiß nur eines: Es will die Welt entdecken und sich dabei geborgen fühlen. Und dafür braucht es einen Vater. Sie!

Getränke

Achtung –
das Mangopüree am besten am Vortag in den Kühlschrank stellen und über Nacht drin stehen lassen!

Mango Lassi

2 EL Mandelblättchen
1 Dose Mangopüree, 500 g
(z. B. aus der Asia-Abteilung im Supermarkt)
1 Päckchen Vanillezucker
½ l kaltes Joghurt
gemahlener Kardamom

- Die **Mandelblättchen** in einer Pfanne bei mittlerer Hitze trocken rösten, bis sie etwas Farbe annehmen.
- Das **Mangopüree** mit **Vanillezucker**, **½ Liter eiskaltem Wasser** und dem **kalten Joghurt** mit dem **Stabmixer** mixen oder im **Mixer** pürieren.
- Mit einer guten Prise **Kardamom** würzen, als Dekoration die gerösteten Mandelblättchen darüberstreuen.

Tipp:
Statt des Mangopürees kann auch anderes frisches, sehr reifes Obst verwendet werden (z. B. Papaya).

Karottensaft

Zutaten für 2 Personen:
½ kg Karotten
etwas Öl

- Die **Karotten** mit einem **Gemüseschäler** schälen, von den Enden befreien und in einem **Entsafter** entsaften.
- Mit ein paar Tropfen **Öl** (damit das im Karottensaft enthaltene Beta-Carotin vom Körper besser aufgenommen werden kann) verrührt in Gläsern servieren.

Tipp:
Gut zu mischen mit Apfel (dafür Äpfel waschen, von Stiel und Kernen befreien und ab in den Entsafter), Ingwer (einfach mit-entsaften) oder Orangen (die dann aber besser mit der Zitruspresse auspressen), Letztere jedoch nicht in der Stillzeit.

Nach-Schwangerschafts-Reismilch

3 EL Reis
4 Scheiben Ingwer
1 EL schwarzer Pfeffer
evtl. Steinsalz
evtl. Ghee

- **Reis** mit **1 Liter Wasser** zum Kochen bringen, mit **Ingwer** und **schwarzem Pfeffer** auf ½ Liter leicht einkochen lassen.
- Nach Geschmack **Steinsalz** und **Ghee** hinzufügen.
- Gut schmeckt die Reismilch auch mit Gewürzen wie Kreuzkümmel, Koriander oder Anis.

Chai (gesprochen „tschai") ist südasiatisch für Tee und üblicherweise eine Bezeichnung für süßen Gewürztee. Viele indische Familien haben ihr eigenes wohlgehütetes Rezept für den Tee, hier ist meines:

Chai

1 TL Kardamomsamen
5 Gewürznelken
½ TL schwarze Pfefferkörner
1 TL gemahlener Ingwer
1 Zimtstange
1 TL Schwarztee
½ l Milch oder Sojamilch
2–4 EL Rohrzucker oder Ahornsirup

- Alle **Gewürze** (Kardamomsamen, Gewürznelken, schwarze Pfefferkörner, gemahlener Ingwer, Zimtstange) in einem **Mörser** so klein wie möglich zerreiben und in einer Pfanne bei sanfter Hitze 5 Minuten lang trocken rösten.
- Mit **1 Liter Wasser** übergießen, 15 Minuten zugedeckt köcheln lassen.
- Den **Schwarztee** dazugeben, 5 Minuten ziehen lassen.
- Durch ein **Sieb** gießen, jetzt die **Milch** dazu, nach Geschmack zum Süßen **Rohrzucker oder Ahornsirup** hinzufügen, trinken.

Tipp:

In der Stillzeit den Schwarztee weglassen – schmeckt auch als reiner Gewürztee hervorragend!

Jeden Tag zwischen den Mahlzeiten und vor dem Stillen gelöffelt, gibt die folgende Gewürzmilch richtig Kraft (und hilft bei der Milchbildung).

Ayurvedische Gewürzmilch

250 ml Milch
(Bio-Vollmilch, Schafs-, Ziegen-, Soja-, Reis- oder Mandelmilch)
1 TL frischer Ingwer, fein geschnitten
¼ TL Kurkuma
½ TL gemahlener Kardamom
1 TL Ahornsirup
evtl. ¼ TL Zimt
evtl. 2 Mandeln

- Die **Milch** sanft mit **Ingwer**, **Kurkuma** und **Kardamom** aufkochen lassen. Wenn frau Zimt mag, kann mann auch **ein bisschen Zimt** mitkochen.
- Von der Kochstelle nehmen und den **Ahornsirup** einrühren.
- Die Gewürzmilch löffeln, nicht trinken! Sie wärmt hervorragend von innen. Wenn man möchte, kann man auch **2 Mandeln** in die Milch hineinreiben.

Tipp:

Um in der Stillzeit Blähungen vorzubeugen, eignet sich folgender Gewürzmix: 2 TL Fenchelsamen, 1 TL Kardamomsamen, 1 TL Anissamen, nach Geschmack 1 TL Sesamsaat.

Zeugs

Irgendwann wenn die Kinder schon etwas größer sind, kommt die Zeit, da man sich mit seinem Nachwuchs auch mal vor den Fernseher setzt – was gibt's da Schöneres als eine Schüssel warmes frisches Popcorn?! Mir schmecken sie ja mit Butter am allerbesten, mein Sohn jedoch mag sie lieber pur – nur mit Salz …

Popcorn mit Butter

4 EL Popcorn
2 EL Maiskeimöl
1 gehäufter TL Salz
evtl. etwas Butter

- Eine möglichst große **Pfanne**, für die auch ein **Deckel** vorhanden ist, gut erhitzen. Das **Maiskeimöl** in die Pfanne geben und kurz schwenken, bis erkennbar ist, dass das Öl heiß ist. Es soll jedoch nicht rauchen – dann ist es zu heiß!
- **Popcorn** dazugeben und gut durchrühren, damit alle Körner etwas Fett abbekommen. Deckel auf die Pfanne und warten, bis es poppt.
- Währenddessen (wer mag) in einer kleinen **Pfanne** ein dickeres Stück **Butter** auf kleiner Flamme zergehen lassen, danach Pfanne weg von der Kochstelle.
- Wenn 5 Sekunden lang kein Poppen mehr zu hören ist, Popcorn in eine Schüssel geben, **salzen**, gut durchrühren. Dann die Butter langsam über die Popkörner rinnen lassen, dabei immer wieder umrühren, damit alles gut vermischt wird.

○ War besonders leicht zu kochen
○ Das schmeckt den Kleinen!
○ Lieblingsgericht von ……………………
✓ Für die stillende Mutter

Tipp:

In der „Profiversion" des Popcornzubereitens kann man ein Spritzgitter über die Pfanne geben, das man mit einem Stück Küchenrolle abdeckt. So spritzt es nicht nach außen, die Popkörner bekommen aber auch nicht das Kondenswasser ab und werden daher nicht nass und aufgeweicht.

Friedenspakt

Bevor Sie den Ofen heizen, holen Sie sich eine Erlaubnis. Nicht die, zu kochen, darüber wird sich Ihre Partnerin sowieso freuen. Schließlich hat sie jetzt mehr Hunger als je zuvor. Durchs Stillen verbraucht sie bis zu 600 Kalorien mehr pro Tag, und die müssen erstens nahrhaft sein und zweitens auch noch von irgendwoher kommen.
Es geht um die Erlaubnis, die Küche in Ihr persönliches Schlachtfeld verwandeln zu dürfen. Alles anzukleckern, was man beim Kochen mit mehligen, fettigen Fingern in die Hände bekommt. Das Waschbecken mit zig Pfannen zu füllen, auch wenn man eigentlich nur eine gebraucht hätte. Über den Tellerrand hinaus zu würzen, den Ort des Geschehens einmal in Mehl zu wenden und dann noch mit Öl zu bespritzen. Also keine Rücksicht auf irgendwelche Sauberkeitsstandards zu nehmen, die üblicherweise gelten.

Sie wären nicht der Erste: Nicht nur, dass Männer anders kochen als Frauen – manche kochen gerne auf großer Flamme, würzen intensiv und lassen sich mehr von ihrer Intuition als von Rezepten leiten –, auch der Tatort sagt etwas darüber aus, ob hier Köchin oder Koch am Werk war. Wenn Sie also zu jenen gehören, die ein Schlachtfeld hinterlassen, und es diesmal auch noch selbst aufräumen müssen, macht nichts. Ihnen zumindest, denn Sie konzentrieren sich mehr auf das junge Gemüse in der Pfanne als auf das Rundherum. Was trotzdem hilft, ist ein Friedenspakt, den Sie jetzt schließen sollten. Schließlich herrscht bald Ausnahmezustand – für Sie und Ihre Partnerin ist alles neu und unerfahren. Da ist eine saubere Küche sicher nicht das Wichtigste. Vereinbaren Sie einfach, dass die Küche nicht den sonst üblichen weiblichen Kriterien entsprechen muss, sondern eben Ihren. Dann fällt das schon mal als Diskussionspunkt aus – keine Panik, es gibt noch jede Menge anderer.

Frische, gute Maroni erkennt man beim Einkaufen daran, dass ihre Schale auf Druck nicht nachgibt (weil sie sonst innen bereits vertrocknet sind) und sie keine kleinen Löcher haben (ein untrügliches Zeichen für ungeliebte Maroni-Bewohner, nämlich Würmer).

Maroni

so viele Maroni, wie man essen will

- **Backofen** auf höchster Stufe vorheizen. Alle Backbleche vorher herausgeben.
- **Maroni** an der runden Seite („oben") der Länge nach einritzen, auf ein **Backblech** (nicht auf ein Gitter, da könnten sie durchfallen) legen und ab in den Ofen.
- Hitze auf circa 220° C Ober- und Unterhitze (nicht Umluft) reduzieren, Gasherd auf die zweithöchste Stufe.
- Ungefähr 20 Minuten im Rohr lassen (am besten dazwischen kosten – wenn sie schön braun werden, sind sie meistens fertig) – große Maroni brauchen länger als kleine …
- Zum Endspurt (wenn möglich) 2 Minuten lang Oberhitze dazuschalten, damit die Maroni so richtig knusprig werden, im Gasherd einfach noch ein paar Minuten mit großer Hitze fertigbraten.

○ War besonders leicht zu kochen
○ Das schmeckt den Kleinen!
○ Lieblingsgericht von ....
✓ Für die stillende Mutter

Ghee ist in unseren Breitengraden besser bekannt als „Butterschmalz" – geklärte Butter, die auch unsere Großmütter schon verwendet haben. Die ayurvedische Küche schreibt Ghee eine besonders gesundheitsfördernde Wirkung zu.

Ayurveda-Müsli spezial

Müslimischung (ohne Schoko)
Ghee
Datteln
Rosinen
Zimt
Kardamom

- **Müsli** nach Wahl in **Ghee** anrösten, **Datteln** klein schneiden, mit den **Rosinen** dazugeben und mit **Zimt** und **Kardamom** würzen.
- Mit **etwas Wasser** aufgießen, ein paar Minuten aufkochen lassen.
- Dann von der Kochstelle nehmen, Deckel drauf und ziehen lassen, bis das Müsli schön weich ist.

○ War besonders leicht zu kochen
○ Das schmeckt den Kleinen!
○ Lieblingsgericht von ....
✓ Für die stillende Mutter

Toskana-Brot

1 Hefewürfel
4 EL warme Milch
500 g Mehl
3 EL Tomatenmark
3 EL Olivenöl
1 TL Salz
1 Handvoll Rosmarinblätter, klein geschnitten
1 Knoblauchzehe (nicht in der Stillzeit)

- **Hefe** zerbröseln und in warmer **Milch** auflösen. **1 Esslöffel Mehl** dazugeben und gut durchmischen. 15 Minuten stehen lassen – es sollte sich ein Vorteig, ein sogenanntes „Dampfl", bilden, das heißt die Hefe fängt an zu arbeiten, und es bilden sich kleine Bläschen. Wenn das nicht passiert, ist die Hefe „tot" – wegwerfen und zurück an den Start, also nochmals von vorne beginnen.
- Jetzt den Vorteig mit den **restlichen Zutaten** und **circa ¼ Liter handwarmem Wasser** zu einem geschmeidigen Brotteig verkneten. Falls der Teig zu flüssig ist, noch Mehl, falls der Teig zu bröckelig ist, noch ein klein wenig Wasser dazugeben. Circa 30 Minuten bei Zimmertemperatur zugedeckt stehen lassen, also „gehen lassen": Der Teig wird doppelt so groß.
- Danach den Brotteig formen – indem man z. B. die Kugel durch Hin- und Herwälzen in eine Art Brotform bringt – und noch einmal 30–60 Minuten lang warm stellen, bis der Teig wiederum doppelt so groß ist. Mit einem scharfen Messer an der Oberseite ein paar Einkerbungen machen.
- **Backofen** auf 180° C vorheizen, Brot hineinschieben, **1 Tasse Wasser** neben den Teig auf das Blech stellen. Nach ungefähr 50 Minuten müsste es fertig sein. Der Test: Draufklopfen – wenn's hohl klingt, ist es fertig. Am Ende den Backofen noch etwas heißer drehen, damit das Brot schön Farbe bekommt.

Tipp:

Man kann zu diesem Teig eigentlich alles dazugeben, was einem schmeckt – etwa Sonnenblumenkerne, keine oder auch viele andere Kräuter, statt Wasser grünen Tee etc. Der Fantasie sind hier keine Grenzen gesetzt.

- [ ] War besonders leicht zu kochen
- [ ] Das schmeckt den Kleinen!
- [ ] Lieblingsgericht von ....
- [x] Für die stillende Mutter

Tipp:

Wer mag, kann zum Schluss etwas Milch oder Schlagsahne/Schlagobers dazugeben. Gut dazu schmeckt Apfelkompott, man kann aber auch Apfel und/oder Banane gleich ins Müsli mischen und mitkochen.

Nach einer Geburt und auch einfach zwischendurch sind diese Energiekugeln nicht nur seeeehr lecker, sondern vor allem in höchstem Maße kraftspendend.
Carob (Johannisbrotkernmehl) gibt's übrigens z. B. in Drogerien und Biomärkten.

Energiebällchen

100 g Butter
4 große Datteln
250 g Dinkelvollkornmehl
75 g feine Haferflocken
50 g gemahlene Mandeln
4 EL Carob (Johannisbrotkernmehl)
2 TL gemahlene Bourbonvanille
½ TL Zimt
100 g Honig
140 g Ahornsirup
200 g Kokosraspeln

- **Butter** in kleine Stückchen schneiden und in eine große Schüssel geben.
- **Datteln** warm waschen, entkernen, klein schneiden und dazugeben.
- **Mehl**, **Haferflocken**, **gemahlene Mandeln**, **Carob**, **Bourbonvanille**, **Zimt**, **Honig** und den **Ahornsirup** dazugeben und alles mit den Händen gut durchkneten.
- Kugeln mit einem Durchmesser von circa 2 Zentimeter formen und in **Kokosraspeln** wälzen.

○ War besonders leicht zu kochen
○ Lieblingsgericht von ....
○ Das schmeckt den Kleinen!
☑ Für die stillende Mutter

Tipp:

Eignet sich hervorragend als süßer Kindersnack für zwischendurch, das Zubereiten der Kugeln macht übrigens auch den Kindern großen Spaß.

Suppen

Gemüsesuppe

1 Bund Suppengrün
etwas Maiskeim- oder Olivenöl
Salz

- Das **Suppengrün** waschen, die Karotten, die gelbe Rübe, das Selleriestück und die Petersilienwurzel mit einem **Gemüseschäler** schälen, in kleine Stücke schneiden (z. B. Sellerie in Würfel, Karotten in kleine Räder, gelbe Rübe in halbe kleine Räder).
- In einen kleineren **Topf** etwas **Maiskeim- oder Olivenöl** geben, sodass der Boden bedeckt ist, bei mittlerer Flamme erhitzen. Wenn das Öl erwärmt ist (wenn es raucht, war's wohl zu lange und/oder zu heiß), den in Streifen geschnittenen **Lauch** vom Suppengrün anschwitzen (sodass er leicht glasig wird, aber noch nicht braun).
- Das restliche geschnittene Gemüse dazu, ein bisschen anrösten, damit die Suppe eine hübsche goldene Farbe bekommt. Wenn das Gemüse anfängt, braun zu werden, mit einem **Glas Wasser** „löschen", sprich übergießen, und das Petersiliengrün vom Suppengrün hinzufügen.
- Circa ½ **Liter Wasser** und einen kleinen Teelöffel **Salz** dazu und kochen lassen. Je nachdem, ob man das Gemüse lieber knackig oder weich mag, eben kürzer oder länger kochen lassen.
- Als Suppeneinlage eignet sich alles, was man in einer Gemüsesuppe gerne isst – egal ob Buchstaben, Backerbsen, Suppennudeln, Datschkerln (siehe Rezept Seite 30) etc.

Tipp:
Wer mag, kann der Suppe mit ein wenig Sojasauce zu einer kräftigeren Farbe und mehr Geschmack verhelfen. Dann sollte die Suppe aber noch etwas kochen, da man die Sojasauce sonst herausschmeckt.

- [ ] War besonders leicht zu kochen
- [ ] Das schmeckt den Kleinen!
- [ ] Lieblingsgericht von ……………
- [x] Für die stillende Mutter

Rindfleischsuppe

1 kg Rindfleisch (Suppenfleisch – oder wenn man das Fleisch nachher auch essen will, das Schwanzstück vom Rind: Tafelspitz)
1 Bund Suppengrün, gewaschen und geschnitten
3 TL Salz
1 Lorbeerblatt
5 schwarze Pfefferkörner
2 Gewürznelken
5 Wacholderbeeren
1 Zwiebel, in der Mitte durchgeschnitten
2 TL Salz

- Das **Rindfleisch** in einen größeren **Topf** mit kaltem **Wasser** legen, sodass das Fleisch bedeckt ist. **Die restlichen Zutaten** hinzufügen und auf kleiner Stufe zugedeckt leicht kochen lassen.
- Das Ganze circa 1 Stunde kochen, aber Vorsicht – nicht zu blubbernd kochen, sonst wird sie trüb, die Suppe! Also langsam, zugedeckt und möglichst lange kochen. Je länger, desto besser. Falls man mehr Suppe auf einmal kochen möchte, gilt als Regel für die Kochzeit: 1 Stunde pro Kilo.
- Wenn die Suppe fertig ist, das Rindfleischstück und die zerkochten Teile des Suppengrüns herausnehmen bzw. die Suppe durch ein großes **Sieb** gießen und je nach Belieben das Gemüse, das man gerne isst, klein schneiden und wiederum in die Suppe geben.
- Als Suppeneinlage eignen sich z. B. Buchstaben, Backerbsen, feine Suppenfadennudeln, Datschkerln (siehe unten) etc.

Tipp:
So wird eine trübe Suppe klar: 1 Eiweiß mit etwas Wasser vermischen und in die abgegossene Suppe geben. Einmal aufkochen und dann nochmals die Suppe durch ein Sieb gießen.

- ○ War besonders leicht zu kochen
- ○ Das schmeckt den Kleinen!
- ○ Lieblingsgericht von ....
- ☑ Für die stillende Mutter

Datschkerln

1 Ei
¼ l Milch
1 TL Salz
100 g Mehl
Maiskeimöl

- **Ei** mit **Milch** verquirlen, **Salz** hinzufügen und das **Mehl** löffelweise dazurühren (bzw. weiterquirlen) – sollte eine etwas dickere Flüssigkeit ergeben. Falls der Teig zu dick ist, etwas mehr Milch dazu, falls er zu flüssig ist, etwas mehr Mehl dazu.
- ½ Stunde stehen lassen (damit das Mehl besser bindet). Eventuell noch etwas Milch dazugeben, wenn der Teig jetzt zu dick wirkt.
- **Maiskeimöl** in eine **Pfanne** (am besten eine, wo nix kleben bleibt – also eine beschichtete) geben, und zwar so viel, dass nicht nur der Boden bedeckt ist, sondern etwas mehr drin ist. Öl erhitzen.
- Jetzt jeweils 1 Esslöffel Teig langsam und gefühlvoll ins Öl gießen, sodass kleine Inseln entstehen, die gemächlich (Tendenz schwimmend) vor sich hinbrutzeln. Wenn's spritzt, Hitze reduzieren. Wenn's eher fad und langsam blubbert, Gas geben.
- Einmal umdrehen und die andere Seite auch anbraten. Wenn die gewünschte Bräune erreicht ist, Datschkerln auf **Küchenpapier** zum Abtropfen legen.

Datschkerln sind eine typisch österreichische Suppeneinlage, die in meinem Kochbuch einfach nicht fehlen darf. Ich weiß, wovon ich spreche: Mein Sohn Mika jubelt immer, wenn ich seine geliebte „Datschkerlsuppe" mache – die Suppe bleibt dann leider meistens übrig, weil er die frisch gemachten Datschkerln immer gleich wegfuttert …

- ○ War besonders leicht zu kochen
- ○ Das schmeckt den Kleinen!
- ○ Lieblingsgericht von ....
- ☑ Für die stillende Mutter

Die Suppe nach einer Geburt!

In China bekommt seit jeher jede Frau sofort nach der Geburt lang geköchelte Hühnersuppe, um so schnell wie möglich ihren angeschlagenen Qi-Speicher, also ihre Energie, wieder aufzufüllen.

Kräftigende Hühnersuppe

1 Bio-Freilandhuhn
1 Bund Suppengrün
1 Bund Petersilie
3 Gewürznelken
1 Lorbeerblatt
1 TL Salz

- **Huhn**, **Suppengrün** und **Petersilie** waschen. Falls vorhanden, das Fett beim Hinterteil des Huhns wegschneiden.
- Huhn mit Gemüse, **Gewürznelken** und **Lorbeerblatt** in einen **Topf** legen, 1 Teelöffel **Salz** dazu. Den Topf mit kaltem **Wasser** auffüllen und das Ganze aufkochen lassen. Sobald die Suppe kocht, salzen und 3–4 Stunden auf kleiner Flamme zugedeckt sanft köcheln lassen.
- Danach die Suppe durch ein großes **Sieb** gießen, das aufgefangene Gemüse in Stücke schneiden. Vom Huhn die Haut abziehen, Huhn ebenfalls in kleine Stücke zerteilen. Das Gemüse und das Fleisch zur Suppe geben, aufkochen und abschmecken. Eventuell mit klein geschnittener Petersilie garnieren.

○ War besonders leicht zu kochen
○ Das schmeckt den Kleinen!
○ Lieblingsgericht von ....
✔ Für die stillende Mutter

Tipp:

Auch während der Stillzeit oder bei Krankheiten wie Grippe ist eine Hühnersuppe ein hervorragender Kraftspender – das wussten bereits unsere Großmütter!

Wann immer ich meine Großtanten, die Anna, die Lisi und die Mare, besuchte, gab's diese Bohnensuppe, von der ich mich nicht und nicht satt essen konnte. Noch dazu hatten die Tanten auf ihrer „Ranch", dem Gemüsegarten hinterm Haus, selbst gezogene Bohnen, aus denen in der Saison ganz frisch diese Suppe gekocht wurde. Na das war vielleicht lecker!

Bohnensuppe Biricz

125 g getrocknete oder frische Bohnen
1 Bund Suppengrün
etwas Maiskeimöl
1 EL Paprikapulver
Salz
1 Zwiebel
50 g Butter
2 Eier
½ l Milch
1 Bund Petersilie
200 g entrindetes, zerbröckeltes Weißbrot/Semmelwürfel
50 g Mehl
1 kleiner Teelöffel Salz

- Entweder **getrocknete Bohnen** über Nacht in kaltem Wasser einweichen oder **frische Bohnen** ohne Vorbereitung verwenden. Bohnen ableeren und in viel frischem Wasser ohne Salz kochen.
- Das **Suppengrün** waschen, schälen und in mundgerechte Stücke schneiden.
- Etwas **Maiskeimöl** in einen **Topf** geben, Gemüse leicht anrösten, mit ½ **Liter Wasser** ablöschen, **Paprikapulver** hinzufügen, salzen und sanft köcheln lassen.
- Für die Knödel **Zwiebel** klein schneiden, mit der **Butter** in einem **Topf** goldgelb anschwitzen und beiseite stellen. Die **Eier** in der **Milch** verquirlen, die **Petersilie** klein schneiden (mit den Stängeln, nur die untersten, dicken weglassen). Alles zusammen mit den **Weißbrotwürfeln** in eine Schüssel geben, **Mehl** und **Salz** dazu. Gut durchmischen.
- **Salzwasser** in einem größeren **Topf** zum Kochen bringen. Kleine Knödel von circa 4–5 Zentimeter Durchmesser formen, in Mehl wälzen und in das leicht kochende Wasser einlegen. Bei ganz kleiner Flamme 10–15 Minuten ziehen lassen.
- Die weich gekochten Bohnen abgetropft in die Gemüsesuppe geben, salzen.
- Suppe in 4 Suppentellern mit je 1–2 kleinen Knödeln servieren.

○ War besonders leicht zu kochen
○ Lieblingsgericht von ....
○ Das schmeckt den Kleinen!
○ Für die stillende Mutter

Freunde einkochen

Kochen ohne selber kochen zu müssen, ohne den Pizzadienst zu rufen und ohne verhungern zu müssen? Das soll funktionieren? Und auch noch einfach? Oja! Sie brauchen dafür einen Taschenrechner und mehrere Telefonjoker.
Machen Sie eine Milchmädchenrechnung, aber eine, die aufgeht. Beginnen Sie mit Rechenbeispiel 1: Wie viele Freunde habe ich? Rechenbeispiel 2: Wie viele davon schwingen den Kochlöffel? Rechenbeispiel 3: Und wie viele machen das auch noch gerne?
Nun kommt der zweite Teil der Aufgabe. Gehen wir von 21 Tagen aus – also die ersten drei Wochen nach der Geburt. Multiplizieren Sie die Anzahl der Tage mit zwei – das macht nach Adam Riese 42 Mahlzeiten. 42! Nur keine Panik, Sie müssen jetzt keine Werbekampagne starten, um Ihren Freundeskreis zu erweitern.

Gehen wir davon aus, Sie haben zehn gute Freunde, die Ihnen zweimal etwas Leckeres vorbeibringen. Sind wir schon bei zwanzig Mahlzeiten. Wie sieht es mit netten Nachbarn aus, der Schwiegermutter oder Ihrer Mutter? Rechnen wir mit drei weiteren Menschen, die Sie und Ihre Familie verköstigen – macht weitere sechs Mahlzeiten. Dann überlegen Sie, wo es wirklich gutes Essen zum Mitnehmen gibt. Denken Sie dabei weniger an Essen auf Rädern als an das kleine gemütliche Restaurant, wo Sie und Ihre Partnerin immer so gerne essen gehen, und vereinbaren Sie mit dem Besitzer einen Wochenbett-Deal. Die frisch zubereiteten Speisen nehmen Sie beim Spazierenfahren mit dem Kinderwagen gleich mit. Sagen wir, das machen Sie siebenmal, dann sind wir insgesamt auf 33. Fast geschafft. Den Rest überlassen wir jetzt Ihrem Einfallsreichtum.

Sie sehen, so schwer ist Kochen gar nicht. Man muss sich nur geschickt anstellen. Und wenn Sie doch noch auf den Geschmack kommen: Das beste Rezept für den Anfang ist die Hühnersuppe auf Seite 32!

Einfache Kürbiscremesuppe

500 g Kürbis
etwas Maiskeimöl
1 TL Gemüsebrühe/Suppenpulver
Salz
Pfeffer
geriebene Muskatnuss
¼ l Schlagsahne/Schlagobers
evtl. Kürbiskernöl und
Kürbiskerne zum Verzieren

- **Kürbis** schälen, raspeln und in einem **Topf** in ein wenig **Öl** anrösten. Mit **1 Liter Wasser** aufgießen, **Gemüsebrühe** hinzufügen, mit **Salz**, **Pfeffer** und einer Prise geriebener **Muskatnuss** würzen. Circa 20–30 Minuten zugedeckt leicht kochen lassen.
- Wenn die Zutaten weich gekocht sind, die Suppe mit dem **Mixstab** pürieren. Sollte sie zu dickflüssig sein, mit **etwas Wasser** aufgießen.
- Zum Schluss die **Schlagsahne** unterziehen. Suppe in 4 Suppentellern nach Geschmack mit jeweils einigen Tropfen **Kürbiskernöl** und einigen **Kürbiskernen** servieren.

○ War besonders leicht zu kochen
○ Das schmeckt den Kleinen!
○ Lieblingsgericht von ....
✓ Für die stillende Mutter

Tipp:
Wenn man die Kürbiskerne vorher noch in einer Pfanne frisch röstet, schmeckt das besonders köstlich. So zubereitet und gesalzen, eignen sie sich auch gut als Knabbergebäck.

Topinamburcremesuppe

1 kg Topinamburknollen
etwas Öl
1 TL Gemüsebrühe/Suppenpulver
geriebene Muskatnuss
Salz
Pfeffer
¼ l Schlagsahne/Schlagobers

- **Topinamburknollen** waschen (eventuell mit dem **Gemüseschäler** schälen – muss nicht sein, aber dann wird's feiner), raspeln und in einem **Topf** in ein wenig **Öl** anrösten. Mit **1 Liter Wasser** aufgießen, mit **Gemüsebrühe**, **Muskatnuss**, **Salz** und **Pfeffer** würzen und circa 20–30 Minuten zugedeckt köcheln lassen.
- Wenn die Zutaten weich gekocht sind, die Suppe mit dem **Mixstab** pürieren. Nochmals mit Salz und Pfeffer abschmecken. Sollte sie zu dickflüssig sein, mit **etwas Wasser** aufgießen.
- Zum Schluss die **Schlagsahne** unterziehen.

○ War besonders leicht zu kochen
○ Das schmeckt den Kleinen!
○ Lieblingsgericht von ....
✓ Für die stillende Mutter

Tipp:
Wenn vorhanden, Maischips (z. B. aus dem Supermarkt oder aus dem Bioladen) zur Topinambursuppe servieren – schmeckt köstlich!

Vorsicht! Für das Braten und Schälen der Maroni bitte eine Stunde einrechnen!

Maronicremesuppe
mit Zimtstangerln

500 g Maroni
80 g Lauch
2 EL Butter
4 cl Weinbrand
2 TL Gemüsebrühe/Suppenpulver
200 g Blätterteig
1 Eigelb
Zimt
½ l Schlagsahne/Schlagobers

- **Backofen** auf 220° C vorheizen. **Maroni** an der bauchigen Seite einschneiden, im Rohr circa 15–25 Minuten braten (bis sie weich werden), auslösen und grob hacken.
- **Lauch** klein schneiden, in **Butter** anschwitzen, Maroni kurz mitrösten. Mit **Weinbrand** ablöschen und mit **¾ Liter Wasser** auffüllen, mit **Gemüsebrühe** würzen, circa 30 Minuten kochen.
- Währenddessen den **Blätterteig** ausrollen, in circa 1 Zentimeter breite und 10 Zentimeter lange Streifen schneiden, mit verquirltem **Eigelb** bestreichen und mit **Zimt** bestreuen, bei 220° C im Backofen circa 8 Minuten backen.
- Die Hälfte der **Schlagsahne (¼ Liter)** zur Suppe geben, die Suppe mit dem **Stabmixer** mixen und abschmecken.
- Die zweite Hälfte der **Schlagsahne** schlagen, Sahnehäubchen auf die in 4 Suppentellern angerichtete Suppe setzen. Mit den Zimtstangerln servieren.

○ War besonders leicht zu kochen ○ Lieblingsgericht von ....
○ Das schmeckt den Kleinen! ☑ Für die stillende Mutter

Apfel-Kartoffel-Suppe
mit Speck

300 g festkochende Kartoffeln
1 Karotte
1 Apfel
1 fein gehackte Zwiebel
1 EL Butter
¼ l Apfelsaft
1 TL Gemüsebrühe/Suppenpulver
1 TL Majoran
Salz
8 Scheiben Frühstücksspeck
1 roter Apfel, in 1 cm dicke Räder geschnitten
180 g Crème fraîche

- Die **Kartoffeln**, die **Karotte** und den **Apfel** schälen, fein schneiden, mit der fein gehackten **Zwiebel** in der **Butter** andämpfen. Mit **Apfelsaft** und **¼ Liter Wasser** aufgießen, **Gemüsebrühe** dazugeben, circa 10 Minuten sanft köcheln lassen und mit **Majoran** und etwas **Salz** würzen.
- Den **Frühstücksspeck** ohne Fett knusprig braten, **Apfelräder** kurz mitbraten.
- **Crème fraîche** in die Suppe geben, rühren, anrichten und mit Speck und Apfelschnitten garnieren.

○ War besonders leicht zu kochen ○ Lieblingsgericht von ....
○ Das schmeckt den Kleinen! ○ Für die stillende Mutter

Bärlauchcremesuppe mit Shrimps

50 g Butter
2 EL Mehl
⅛ l Weißwein
2 TL Gemüsebrühe/Suppenpulver
¼ l Schlagsahne/Schlagobers
4 Shrimps
2 Knoblauchzehen
Olivenöl
⅛ l Weißwein
250 g Bärlauch

- Die **Butter** in einer **Pfanne** zerlassen, **Mehl** dazugeben und verrühren. Mit dem **Weißwein** löschen. ¼ **Liter Wasser** mit **1 Teelöffel Gemüsebrühe** dazugeben und 10 Minuten köcheln lassen. Die **Schlagsahne** unterrühren. (Das Ganze ist jetzt eine Art „Béchamelsauce".)
- **Shrimps** roh schälen, vom Darm befreien und der Länge nach zu drei Viertel in der Mitte durchschneiden.
- Die **Knoblauchzehen** in dünne Scheiben schneiden und beiseitestellen.
- In einer **Pfanne Öl** bis knapp vor dem Rauchen erhitzen, Shrimps rein, NICHT bewegen (du schon, die Shrimps nicht!). Erst wenn sie dunkel werden, umdrehen, wieder nicht bewegen und weiterhin bei starker Hitze braten. Den **Knoblauch** dazugeben. Kurz umrühren.
- Mit dem restlichen **Weißwein** und ¼ **Liter Wasser** aufgießen, **1 Teelöffel Gemüsebrühe** dazugeben, kurz aufkochen lassen, von der Kochstelle nehmen und zugedeckt ziehen lassen.
- Den **Bärlauch** mit **Olivenöl** zur Béchamelsauce hinzufügen, die Suppe von den Shrimps dazugeben, alles zusammen mit dem **Stabmixer** auf geringer Stufe pürieren.
- Suppe mit jeweils einem Shrimp pro Person in der Mitte des Suppentellers (bei Suppenschüsseln am Rand) servieren.

TIPP:

Bärlauch hat nur im März/April Saison, man kann diese Suppe aber auch variieren, indem man stattdessen z. B. Spinat verwendet.

- ○ War besonders leicht zu kochen
- ○ Das schmeckt den Kleinen!
- ○ Lieblingsgericht von ....
- ✔ Für die stillende Mutter (ohne Knoblauch)

Da viele Babys in der Stillzeit auf Zwiebel und Knoblauch mit schmerzhaften Blähungen reagieren, sollte man auf diese Zutaten in deren ersten Lebensmonaten eher verzichten – die Mutter merkt sicher am besten, welche Nahrungsmittel sie besser sein lassen sollte und welche unproblematisch sind. Dieses Rezept funktioniert auch gut, wenn man den Zwiebel und den Knoblauch weglässt – dann hilft diese Suppe sogar bei der Milchbildung und beugt Blähungen vor.

Fenchelsuppe

1 Zwiebel
2 Knoblauchzehen
150 g Kartoffeln
500 g Fenchelknollen
1 Lorbeerblatt
½ TL Salz
1 großer säuerlicher Apfel
2 EL Petersilie

- **Zwiebel**, **Knoblauch** und **Kartoffeln** schälen und in Würfel schneiden. **Fenchelknollen** putzen (das Fenchelgrün aufheben), waschen und ebenfalls in Würfel schneiden. Alles zusammen mit dem **Lorbeerblatt**, **Salz** und **½ Liter Wasser** zum Kochen bringen, bei schwacher Hitze garen.
- Mit einem **Stabmixer** pürieren.
- Den **Apfel** schälen, grob raffeln und unter die Gemüsesuppe mischen.
- Etwas **Fenchelgrün** und die **Petersilie** hacken und vor dem Servieren über die Suppe streuen.

○ War besonders leicht zu kochen
○ Das schmeckt den Kleinen!
○ Lieblingsgericht von ....
✔ Für die stillende Mutter (ohne Zwiebel und Knoblauch)

Zucchinisuppe

1 TL Salz
500 g Zucchini
6 mittelgroße Kartoffeln
etwas Gemüsebrühe/Suppenpulver
3 EL Schlagsahne/Schlagobers
4 EL geriebener Parmesan
2 EL Butter

- ¾ **Liter Wasser** zum Kochen bringen, **Salz** hinzufügen.
- **Zucchini** und **Kartoffeln** waschen, grob reiben und zugedeckt in **Salzwasser** mit etwas **Gemüsebrühe** weich kochen. Mit dem **Stabmixer** pürieren.
- **Schlagsahne** mit **geriebenem Parmesan** verrühren, weiche **Butter** ebenfalls dazurühren und unter kräftigem Rühren in die heiße Suppe eingießen.

○ War besonders leicht zu kochen
○ Das schmeckt den Kleinen!
○ Lieblingsgericht von ....
✔ Für die stillende Mutter

Die Borschtsch-Zubereitung ist eine eigene Philosophie im russischen und ukrainischen Raum. Je länger diese Suppe sanft vor sich hinköchelt, umso besser kann sich der Geschmack der einzelnen Zutaten zu einem harmonischen Gericht zusammenfügen.

Tante Käthes Borschtsch

500 g rote Bete/rote Rüben
250 g Suppengrün
Sonnenblumenöl
1 EL Gemüsebrühe/Suppenpulver
1 Prise Fruchtzucker
2 Zwiebeln
3 Knoblauchzehen
250 g Wirsingkohl
250 g Kartoffeln
1 Lorbeerblatt
6 Pfefferkörner
2 Gewürznelken
Kümmel
200 g Tomaten
Kräutersalz
Knoblauchwürze
2 EL Obstessig
Pfeffer
¼ l saure Sahne/Sauerrahm

- Die **rote Bete** putzen, waschen, bürsten und ungeschält in Würfel schneiden. Das **Suppengrün** in Streifen schneiden. **Sonnenblumenöl** in einem großen **Topf** erhitzen, das Gemüse leicht anschwitzen, mit **1 Liter Wasser** mit **Gemüsebrühe** aufgießen, 1 Prise **Fruchtzucker** hinzufügen und das Ganze circa 20 Minuten köcheln lassen.
- In der Zwischenzeit **Zwiebeln**, **Knoblauchzehen** und **Wirsingkohl** fein schneiden, **Kartoffeln** schälen und in Würfel schneiden. Das Gemüse mit dem **Lorbeerblatt**, den **Pfefferkörnern**, **Gewürznelken** und etwas **Kümmel** zur Suppe geben.
- Weitere 40 Minuten dünsten. Währenddessen **Tomaten** kreuzweise einritzen, mit kochendem Wasser überbrühen, 3 Minuten stehen lassen und dann in **eiskaltes Wasser** geben. Schale abziehen, Tomaten in Würfel schneiden.
- In den letzten Minuten **Tomatenwürfel** zur Suppe geben. Mit **Kräutersalz**, **Knoblauchwürze**, **Obstessig** und **Pfeffer** abschmecken. Vor dem Anrichten **saure Sahne** unterrühren.
- Variante: Borschtsch mit Petersilie und Dill bestreuen.

○ War besonders leicht zu kochen ○ Lieblingsgericht von ....
○ Das schmeckt den Kleinen! ○ Für die stillende Mutter

Tipp:

Borschtsch kann man zu jeder Jahreszeit essen: im Winter heiß und im Sommer gekühlt. Für stillende Mütter ist er aufgrund des Wirsingkohls, des Zwiebels und des Knoblauchs nicht geeignet.

Diese einfache Suppe wird durch den frischen Koriander zu einem besonderen und harmonischen Genuss.

Karotten-Koriander-Suppe

1 kg Karotten
1 EL Olivenöl
2 TL Gemüsebrühe/Suppenpulver
4 TL frischer Koriander
1/8 l saure Sahne/Sauerrahm

- **Karotten** schälen, in Würfel schneiden und in einem großen **Topf** mit **Olivenöl** erhitzen. Einige Minuten auf kleinerer Flamme leicht dünsten, dabei immer wieder umrühren.
- Mit **1 Liter Wasser** mit **Gemüsebrühe** aufgießen, zugedeckt zum Kochen bringen, dann die Hitze reduzieren und weitere 15 Minuten leicht köcheln lassen.
- Den **frischen Koriander** hinzufügen und die Suppe mit einem **Stabmixer** pürieren.
- Nach Belieben abschmecken und mit einem Löffel **saure Sahne** in der Mitte garnieren.

Tipp: Zu dieser Suppe schmeckt knuspriges Brot besonders gut…

○ War besonders leicht zu kochen
○ Das schmeckt den Kleinen!
○ Lieblingsgericht von ……
✔ Für die stillende Mutter

Meine Mutter liebt diese Art von Suppe, die man heutzutage eher selten serviert bekommt – sie ist schnell und einfach zuzubereiten, und die saure Sahne verhilft ihr zu einem angenehmen, leicht säuerlichen Aroma.

Saure Kartoffelsuppe Mama Novak

1 EL Kümmel
4 große Kartoffeln
1 TL Salz
1/4 l saure Sahne/Sauerrahm
1 EL Mehl

- **1 Liter Wasser** mit dem **Kümmel** in einem Topf zum Kochen bringen.
- In der Zwischenzeit die **Kartoffeln** schälen und in ungefähr 1 Zentimeter große Würfel schneiden.
- Wenn das Wasser kocht, Kartoffeln und **Salz** rein, weich kochen.
- Die **saure Sahne** mit dem **Mehl** verrühren. Ein paar Kartoffelstücke herausnehmen, saure Sahne mit Mehl in die Suppe rühren, einmal aufkochen lassen, mit dem **Stabmixer** sämig pürieren.
- Zum Schluss die Kartoffelstückchen wieder hineingeben, die Suppe mit Salz abschmecken.

○ War besonders leicht zu kochen
○ Das schmeckt den Kleinen!
○ Lieblingsgericht von ……
✔ Für die stillende Mutter

Tipp: Wer gerne besonders „sauer“ lebt, kann vor dem Servieren noch einen Schuss Essig hinzufügen.

So schwierig es noch vor ein paar Jahren war, die richtigen Zutaten für diese köstliche asiatische Suppe zu bekommen, so einfach machen es uns heutzutage die größeren Supermärkte mit der Möglichkeit, Galgant, Ingwer und Zitronengras auch im Gemüseregal vorzufinden.

Tom Khaa Gai –
thailändische Kokossuppe mit Huhn und Gemüse

1 l Kokosmilch
(in der Asia-Abteilung im Supermarkt zu finden)
6 geviertelte Zitronenblätter
7 cm geschnittener Galgant
5 cm geschnittener Ingwer
2 Stängeln Zitronengras
1 Hühnerbrust vom Bio-Freilandhuhn
100 g frische Pilze
(Austernpilze, Champignons oder Shiitake)
2 große Kartoffeln oder Süßkartoffeln
1 große Tomate
2 Karotten
Saft von 1 kleinen Zitrone
4 EL Austernsauce
(in der Flasche vom asiatischen Supermarkt)
evtl. 2 TL Korianderpulver
etwas frischer Koriander

- **Kokosmilch** in einen **Topf** geben, **Zitronenblätter**, **Galgant**, **Ingwer** und **Zitronengras** dazugeben, kochen.
- **1 Liter Wasser** dazu – weiterkochen.
- Währenddessen eine gewaschene und geputzte **Hühnerbrust** in Würfel schneiden, **Pilze** blättrig schneiden, **Kartoffeln** (oder **Süßkartoffeln**) und **Tomate** in Würfel, die **Karotten** in Streifen schneiden.
- Jetzt das Huhn in die Suppe geben, dann das restliche Gemüse. Ein wenig kochen lassen.
- **Zitronensaft** dazu (nicht zu früh – sonst reagiert das Eiweiß vom Huhn mit der Zitronensäure und flockt aus; was zwar geschmacksmäßig nix macht, aber es sieht nicht sehr hübsch aus), danach die **Austernsauce** und nach Belieben **Korianderpulver**. Die Suppe kochen.
- Huhn und Gemüse, wenn sie sehr klein geschnitten sind, sind schnell durch, deshalb muss man diese Suppe auch nicht so lange kochen lassen.
- Mit einigen frischen **Korianderblättern** garniert servieren.

- [ ] War besonders leicht zu kochen
- [ ] Das schmeckt den Kleinen!
- [ ] Lieblingsgericht von ....
- [x] Für die stillende Mutter (ohne Chili)

Tipp:

Wer's gerne scharf mag, kann von Anfang an eine oder zwei getrocknete kleine Chilischoten mitkochen.

„Mhm! Das schmeckt ja wirklich genauso wie in Thailand!“, meinte mein Bruder begeistert beim Verzehr meiner Tom Yam Goong. Er muss es wissen, er war kurz davor von einer Asienreise zurückgekommen … Wer nicht gern scharf isst, kann bei dieser Suppe die Chilischoten natürlich weglassen – so oder so ist diese schnell gekochte Suppe eine Köstlichkeit!

Tom Yam Goong –
sauerscharfe thailändische Suppe mit Garnelen

8 Garnelen
½ Zitrone
6 Knoblauchzehen
8 Zitronenblätter
3 Stängeln Zitronengras
2 angeritzte Chilischoten
2 EL Fisch- oder Austernsauce
Saft von 1 ½ Limetten
10 Champignons
3 cm Ingwer
1 kleiner Bund frischer Koriander
3 Tomaten

- **Garnelen** schälen, der Länge nach einschneiden und den schwarzen Darm entfernen. Die Schalen in einer Pfanne stark anrösten und mit ⅛ **Liter Wasser** ablöschen, um einen Fond herzustellen. Das Brett, auf dem die Garnelen geschnitten wurden, mit kaltem Wasser waschen und mit **Zitrone** abreiben, um zu vermeiden, dass sich der Garnelengeschmack im Brett hält.
- Fond abgießen, zerquetschte **Knoblauchzehen**, **Zitronenblätter**, quer geschnittenes **Zitronengras**, angeritzte **Chilischoten**, **Fischsauce** und den **Limettensaft** dazugeben. 2 Minuten kochen. In Scheiben geschnittene **Champignons** und 6 Scheiben **Ingwer**, jeweils ½ Zentimeter dick, dazugeben.
- **Koriander** klein schneiden, **Tomaten** in Viertel schneiden.
- Zum Schluss die Garnelen in die Suppe geben, einmal kurz aufkochen lassen (kurz, sonst werden sie hart!). Das Eiweiß, das sich auf der Oberfläche ansammelt, abschöpfen.
- Koriander und je 3 Tomatenspalten in Suppenschüsselchen geben, die Suppe darübergießen. Eine Schüssel für die Zutaten, die nicht gut essbar sind, bereitstellen: Zitronengras, Zitronenblätter, Ingwer.

○ War besonders leicht zu kochen ○ Lieblingsgericht von ……………
○ Das schmeckt den Kleinen! ✔ Für die stillende Mutter

Tipp:
Wer eine essfreundlichere Version dieser Suppe herstellen will, kann zuerst den Fond mit Knoblauch, Zitronenblättern, Zitronengras etc. kochen, ihn dann durch ein Sieb gießen und erst danach die Garnelen und Pilze sowie Koriander und Tomaten hinzufügen.

Es gibt immer etwas zu tun

Wissen Sie, was Sie jetzt gut brauchen können, abgesehen von einer Riesen-Portion Engelsgeduld, starken Nerven und der Telefonnummer Ihres besten Freundes (oder Ihrer Mutter, je nachdem): Werkzeug! Davon dürfen Sie sich jetzt so viel kaufen, wie Sie zu Ihrer Beruhigung wollen. Einziger Haken: Der Weg führt nicht in den Baumarkt, sondern ins Küchenfachgeschäft. (Sorry!)
Aber schließlich ist jetzt Ihre Zeit hinterm Herd angebrochen, und da ist jede Küchenhilfe ein Schritt zum Erfolg. Ein scharfes Messer zum Beispiel, und Sie kommen der Sache viel schneller auf den Grund. Und außerdem: Ihr Baby hat ja auch eine Basisausstattung bekommen. Also steht Ihnen auch eine zu! Los geht's.

Küchenhelfer, die nebenbei auch noch die Motivation erhöhen:

- eine gute Antihaft-Pfanne, damit lassen Sie nichts anbrennen,
- scharfe Kochmesser, und alles geht viel leichter – versprochen!
- noch ein extra Gemüsemesser (ist kleiner und daher fürs Gemüseschneiden besser geeignet),
- ein Wetzstahl, denn auch das beste Messer wird irgendwann stumpf,
- ein Timer (der gibt den Takt an und lässt Sie vor allem auf nichts vergessen),
- eine Küchenwaage (am besten alles vor dem Kochen abwiegen, in Schüsseln geben und dann erst loslegen, macht die Sache viel einfacher),
- ein Holzbrett, schön groß, damit Sie genug Platz haben,
- gute Töpfe – also vor allem keine billigen, dünn beschichteten, die Anschaffung zahlt sich aus!
- ein Gemüseschäler, damit geht alles viel flotter,
- ein Mörser (das ist dann schon die Kür): damit können Sie Gewürze frisch reiben,
- und eine Küchenschürze – die darf auch nicht fehlen: da können Sie sich ankleckern, anspritzen und die Hände abwischen – was bei einem Massaker in der Küche einfach alles so passiert. Und sobald Sie die Schürze ablegen, haben Sie wieder eine reine Weste. Alternative: Schürze anlassen und sich für die sichtbar viele Arbeit loben lassen.

Der Mann meiner lieben Freundin Marion, Mauricio, ist eigentlich Mexikaner. Diese Suppe hat zwar nicht viel mit Mexiko zu tun, die Idee, Lammfleisch mit Koriander und Limettensaft zu mischen, muss aber doch etwas mit seinem guten Gefühl für länderübergreifende Geschmacksvarianten zu tun haben.

Mauricios Lamm-Kichererbsen-Suppe

1 Tasse getrocknete Kichererbsen
1 Bund Suppengrün
½ kg Lammfleisch (Schulter oder Keule)
2 Stängeln Rosmarin
1 Stängel Thymian
10 Stängeln frischer Koriander
1 TL Origano
6 schwarze Pfefferkörner
1 Zwiebel
6 Knoblauchzehen
3–4 TL Salz
2 Limetten

- **Kichererbsen** über Nacht in kaltem Wasser einweichen.
- Am nächsten Tag das **Suppengrün** waschen und schälen, das **Lammfleisch** in circa 2 Zentimeter große Stücke schneiden.
- In einem großen **Topf 2 Liter Wasser** zum Kochen bringen, die in ein **Sieb** abgegossenen Kichererbsen hineingeben, ebenso Lamm und Gemüse. Nun die Gewürze und Kräuter, nämlich **Rosmarin**, **Thymian**, die Hälfte des **Korianders**, **Oregano** und **Pfefferkörner**, dazugeben. **Zwiebel** in 4 Teile schneiden, **Knoblauchzehen** mit dem Messer zerdrücken, beides zur Suppe geben, **salzen**. 1 Stunde sanft köcheln lassen (kann auch länger sein).
- 5–6 Stängeln frischen **Koriander** klein hacken, **Limetten** auspressen.
- Suppe durch ein **Sieb** gießen – Nicht-Essbares herausnehmen. Gemüse klein schneiden und mit dem Fleisch und den Kichererbsen in die Suppe geben.
- Beim Anrichten Koriander und ein Kännchen mit Limettensaft dazustellen, sodass jeder seine Suppe nach seinem Geschmack würzen kann.

○ War besonders leicht zu kochen
○ Lieblingsgericht von ....
○ Das schmeckt den Kleinen!
○ Für die stillende Mutter

Marokkanische Linsensuppe

200 g rote Linsen
1 Zwiebel
etwas Öl oder Ghee
1 Tomate
2 Knoblauchzehen
1 EL Currypulver
1 TL Salz
1 getrocknete Chilischote
2 TL Kurkuma
2 TL Ingwerpulver
½ TL Kardamompulver
3 TL Korianderpulver
1 TL Garam Masala
1 TL gemahlener Kreuzkümmel
1 EL frische, gehackte Pfefferminze
1 Zitrone

- **Linsen** in kaltem **Wasser** zustellen (sodass gut doppelt so viel Wasser im Topf ist) und zu Brei kochen. Wenn dieser während der Kochzeit zu dick erscheint, immer wieder Wasser nachgießen.
- **Zwiebel** klein schneiden und in etwas **Öl oder Ghee** in einer **Pfanne** anschwitzen, klein geschnittene **Tomate** dazu, **Knoblauchzehen** in Blättchen schneiden und ebenfalls dazu, den Linsenbrei dazu.
- Mit folgenden Gewürzen nach Geschmack verfeinern: **Currypulver**, **Salz**, **Chilischote**, **Kurkuma** (Gelbwurz – für Schwangere eher mehr davon, weil's so gut für sie ist), **Ingwerpulver**, **Kardamompulver**, **Korianderpulver.** Man kann auch das eine und/oder andere weglassen – je nach Belieben. Noch ein paar Minuten weiterkochen lassen und gut umrühren, damit die Gewürze zusammenfinden.
- Danach von der Kochstelle nehmen, mit **Garam Masala** und **Kreuzkümmel** erst ganz zum Schluss würzen (die Gewürze könnten sonst die Suppe bitter machen).
- Mit etwas gehackter **Pfefferminze** servieren, **Zitronenspalten** dazu reichen – die presst dann jeder selbst nach Belieben in die Suppe hinein.

○ War besonders leicht zu kochen ○ Lieblingsgericht von ....
○ Das schmeckt den Kleinen! ○ Für die stillende Mutter

Dazu passt:
hervorragend weißes Fladenbrot mit schwarzem Kümmel drauf – auch gut zum Dippen!

Misosuppe

3 EL Misopaste
3–4 frische oder getrocknete Shiitake-Pilze
1 Kombu-Alge
(im Biomarkt oder in der Asia-Abteilung im Supermarkt erhältlich)
1 Bund Suppengrün
250 g Tofu
40 g Udon-Nudeln
1 EL Wakame-Algen

- In einer kleinen Schüssel **Misopaste** in warmem Wasser auflösen.
- **Getrocknete Shiitake-Pilze** in heißem Wasser einweichen – wenn's frische Shiitake gibt, umso besser!
- In einem **Topf 1 ½ Liter Wasser** mit 5 Zentimeter **Kombu** zum Kochen bringen. In der Zwischenzeit **Suppengrün** waschen, mit dem **Gemüseschäler** schälen und quer in Rauten schneiden. In den Topf dazugeben, auch wenn's noch nicht kocht.
- **Tofu** in kleine Würfel schneiden. Die Kombu-Alge wieder herausnehmen und wegwerfen.
- **Udon-Nudeln** in der Mitte brechen und in der Suppe je nach Angabe des Nudelherstellers mitkochen (5–8 Minuten).
- **Wakame-Algen,** Pilze und Tofuwürfel dazugeben, aufkochen lassen und von der Kochstelle nehmen. Aufgelöste Misopaste hinzufügen, gut umrühren, anrichten.

- [ ] War besonders leicht zu kochen
- [ ] Das schmeckt den Kleinen!
- [ ] Lieblingsgericht von ....
- [x] Für die stillende Mutter

Tipp:

Da Miso eine auf Soja oder andere Getreidesorten angesetzte Bakterienkultur ist, sollte das Wasser nicht zu heiß sein, weil sonst die gesundheitsfördernden (vor allem für den Magen-Darm-Trakt) Bakterien nicht überleben. Daher wird auch das Wasser von der Kochstelle genommen und die Suppe nach Zugabe der Misopaste nicht mehr gekocht.

Vorspeisen

Hummus – Kichererbsenpüree

1 Tasse getrocknete Kichererbsen
2 Knoblauchzehen
Saft von 1 Zitrone
Salz
3 EL Olivenöl
2 EL Tahin (= Sesampaste)

- **Kichererbsen** 4 Stunden lang, am besten aber über Nacht, in kaltem **Wasser** einweichen.
- Wasser abgießen, Kichererbsen in einen **Topf** mit kaltem **Wasser** geben und zum Kochen bringen (Wasser nicht salzen!). So lange kochen lassen, bis die Kichererbsen weich sind (mindestens eine Stunde, manchmal auch länger), in ein **Sieb** abgießen, abgegossenes Wasser aufheben!
- **Knoblauchzehen** zu den Kichererbsen pressen, **Zitronensaft**, **Salz** und **Olivenöl** dazugeben. **Tahin** und 1 Tasse des abgegossenen **Wassers** ebenso dazugeben.
- Dann das Ganze mit dem **Stabmixer** zu einem glatten Brei pürieren. Eventuell nachwürzen und, falls das Püree zu dickflüssig sein sollte, noch etwas vom abgegossenen Wasser dazugeben.

○ War besonders leicht zu kochen
○ Das schmeckt den Kleinen!
○ Lieblingsgericht von ....
○ Für die stillende Mutter

Info:

Hummus hält sich im Kühlschrank mehrere Tage. Das Aroma der Zutaten kann dabei an Intensität zunehmen.

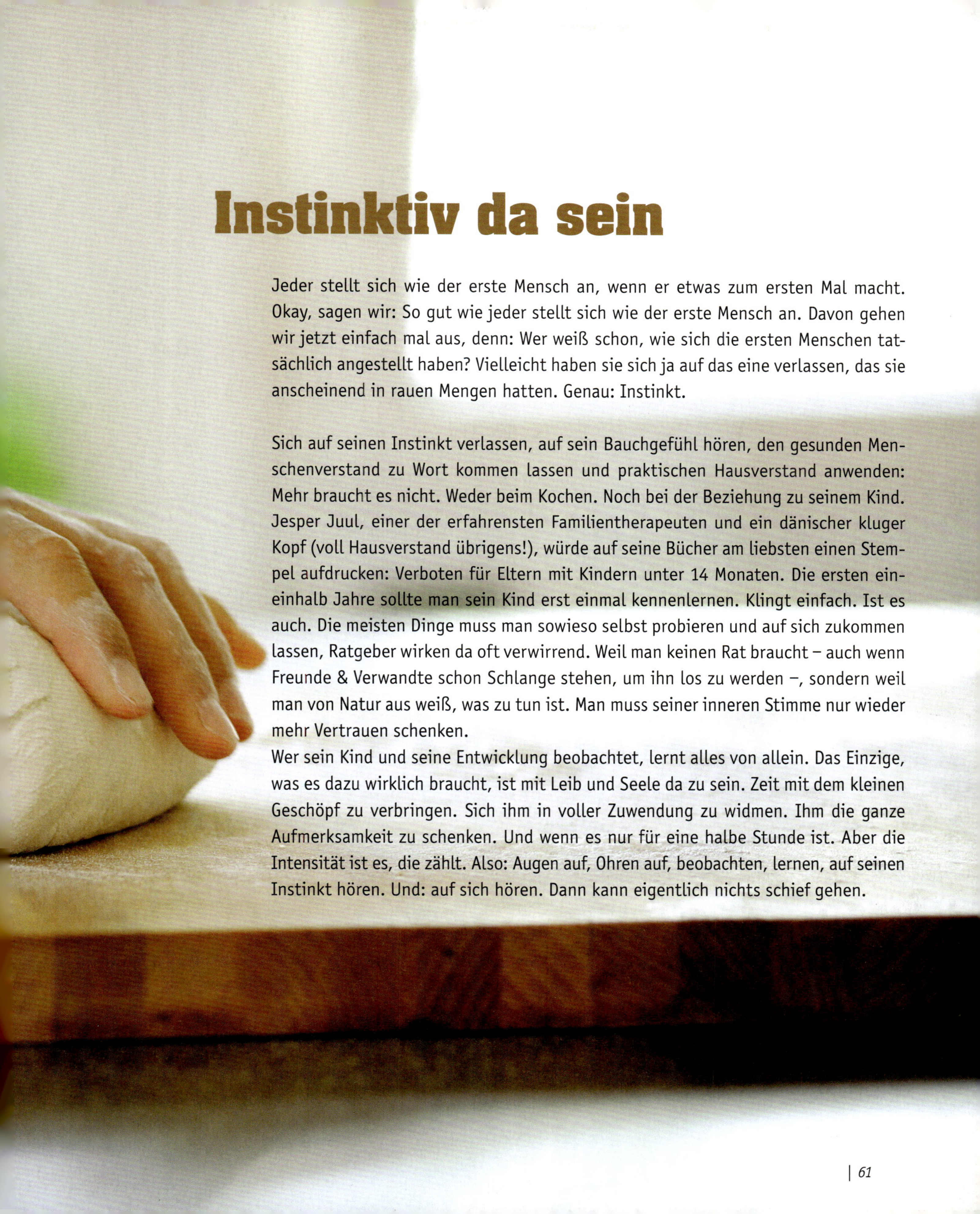

Instinktiv da sein

Jeder stellt sich wie der erste Mensch an, wenn er etwas zum ersten Mal macht. Okay, sagen wir: So gut wie jeder stellt sich wie der erste Mensch an. Davon gehen wir jetzt einfach mal aus, denn: Wer weiß schon, wie sich die ersten Menschen tatsächlich angestellt haben? Vielleicht haben sie sich ja auf das eine verlassen, das sie anscheinend in rauen Mengen hatten. Genau: Instinkt.

Sich auf seinen Instinkt verlassen, auf sein Bauchgefühl hören, den gesunden Menschenverstand zu Wort kommen lassen und praktischen Hausverstand anwenden: Mehr braucht es nicht. Weder beim Kochen. Noch bei der Beziehung zu seinem Kind. Jesper Juul, einer der erfahrensten Familientherapeuten und ein dänischer kluger Kopf (voll Hausverstand übrigens!), würde auf seine Bücher am liebsten einen Stempel aufdrucken: Verboten für Eltern mit Kindern unter 14 Monaten. Die ersten eineinhalb Jahre sollte man sein Kind erst einmal kennenlernen. Klingt einfach. Ist es auch. Die meisten Dinge muss man sowieso selbst probieren und auf sich zukommen lassen, Ratgeber wirken da oft verwirrend. Weil man keinen Rat braucht – auch wenn Freunde & Verwandte schon Schlange stehen, um ihn los zu werden –, sondern weil man von Natur aus weiß, was zu tun ist. Man muss seiner inneren Stimme nur wieder mehr Vertrauen schenken.
Wer sein Kind und seine Entwicklung beobachtet, lernt alles von allein. Das Einzige, was es dazu wirklich braucht, ist mit Leib und Seele da zu sein. Zeit mit dem kleinen Geschöpf zu verbringen. Sich ihm in voller Zuwendung zu widmen. Ihm die ganze Aufmerksamkeit zu schenken. Und wenn es nur für eine halbe Stunde ist. Aber die Intensität ist es, die zählt. Also: Augen auf, Ohren auf, beobachten, lernen, auf seinen Instinkt hören. Und: auf sich hören. Dann kann eigentlich nichts schief gehen.

Dieses Rezept ist für stillende Mütter nicht geeignet – und zwar nicht, wie sonst häufig, wegen möglicher Blähungen beim Baby. Ganz im Gegenteil – Fenchel ist besonders gut verdaulich. Dieses Gericht kann etwas anderes verursachen: Durch die Zugabe von Orangensaft kann es beim Stillkind zu einem roten Popo führen. Also stillende Mütter: Hände weg von Zitrusfrüchten.

Fenchel mit Orangensauce

400 g Fenchelknollen
20 g Butter
2 TL Mehl
100 ml Orangensaft
1 Bund Petersilie
2 unbehandelte Orangen

- **Fenchelknollen** putzen, vierteln und 10–15 Minuten in kochendem **Salzwasser** garen.
- **Butter** in einem kleinen **Topf** zerlassen, 2 TL **Mehl** darin anschwitzen, mit **Orangensaft** aufgießen und bei schwacher Hitze unter ständigem Rühren aufkochen und etwas eindicken lassen.
- Von der **Petersilie** die großen Stängeln wegschneiden, den Rest klein schneiden.
- Unbehandelte (!) Schale von 2 **Orangen** auf der kleinsten Reibfläche einer **Gemüsereibe** abreiben und mit der **Hälfte der Petersilie** zu der Sauce geben.
- Fenchel abtropfen lassen, die Stücke mit der Schnittfläche nach oben auf einer vorgewärmten Platte anrichten. Die Sauce darübergießen, dabei die Fenchelblätter ein wenig öffnen, damit die Sauce einfließen kann. Mit der **restlichen Petersilie** garnieren.

○ War besonders leicht zu kochen
○ Lieblingsgericht von ....
○ Das schmeckt den Kleinen!
○ Für die stillende Mutter

Crostini
mit Kichererbsenpaste und Räuchertofu

1 Tasse getrocknete Kichererbsen
1 Knoblauchzehe
250 g geräucherter Tofu
1 TL weißer Pfeffer
3 EL Olivenöl
Salz
2 EL Sesam
1 TL gehackter Liebstöckel
6 Scheiben Vollkorntoastbrot
evtl. Kresse als Dekoration

- **Kichererbsen** über Nacht in kaltem **Wasser** einweichen.
- Wasser abgießen, Kichererbsen in einen **Topf** mit kaltem **Wasser** geben und zum Kochen bringen. Schaum dazwischen immer wieder abschöpfen. Nach einiger Zeit kommt kein Schaum mehr – Kichererbsen weich kochen.
- Kichererbsen sollten gerade noch mit Kochwasser bedeckt sein, **Knoblauchzehe** dazupressen, die Hälfte des geräucherten **Tofu**, **weißen Pfeffer** und **Olivenöl** dazugeben.
- Mit einem **Stabmixer** pürieren, **salzen**. Etwas auskühlen lassen. **Sesam**, restlichen **Räuchertofu**, klein geschnitten, und gehackten **Liebstöckel** dazu.
- **Vollkorntoastbrot** toasten, in Dreiecke teilen, mit Paste bestreichen und z. B. mit **Kresse** dekorieren.

○ War besonders leicht zu kochen
○ Lieblingsgericht von ....
○ Das schmeckt den Kleinen!
○ Für die stillende Mutter

Ceviche

2 Paprikaschoten
1 Tomate
Olivenöl
½ Zwiebel
3 Limetten
2 Orangen
1 TL Zucker
Salz
1 TL Tabasco
½ kg Krabben
1 rote Zwiebel
1 Bund Frühlingszwiebeln
1 Bund Schnittlauch
1 Bund Koriander
4 Avocados
1 Tomate
Popcorn

- **Paprikaschoten** und **Tomate** klein schneiden und in etwas **Olivenöl** braten. Klein geschnittene **Zwiebelhälfte** hinzufügen und dünsten.
- **Limetten** und **Orangen** pressen, den Saft mit der Gemüsemischung verrühren und mit **Zucker**, **Salz** und **Tabasco** mit dem **Stabmixer** oder im **Standmixer** pürieren.
- Die **Krabben** in **kochendes Wasser** geben, nach zwei Minuten in **eiskaltes Wasser** gießen, abtropfen und in die Marinade legen.
- **Rote Zwiebel**, **Frühlingszwiebeln**, **Schnittlauch**, **Koriander**, die Hälfte der **Avocados** und **Tomate** klein schneiden und mit den Krabben im Saft verrühren.
- Die restlichen **Avocados** in Scheiben schneiden. Mit **Popcorn** und Avocadoscheiben garniert servieren.

○ War besonders leicht zu kochen
○ Das schmeckt den Kleinen!
○ Lieblingsgericht von ....
○ Für die stillende Mutter

Ceviche habe ich zum ersten Mal in Venezuela gegessen. Dort wird nur der hochwertigste Fisch, am besten gerade frisch aus dem Meer gefischt, in Limettensaft mariniert und somit „gegart“. Mein Rezept ist eine Weiterentwicklung der Grundidee, Fisch nicht zu kochen, sondern mit der Säure der Limetten zu arbeiten. Da es bei uns allerdings selten fangfrischen Meeresfisch zu kaufen gibt, habe ich eine Version mit kurz gekochten Krabben entwickelt.

Bei meinem Lieblingsitaliener gibt's die besten eingelegten Pomodori secchi, und nie wollte er mir verraten, wie sie gemacht werden. Durch Zufall habe ich entdeckt, dass man die getrockneten Tomaten kochen und dann marinieren muss. Mit etwas frisch geschnittenem Parmesan dazu – einfach ein Gedicht!

Pomodori secchi eingelegt

getrocknete italienische Tomaten
Olivenöl
Thymian
Rosmarin
Knoblauchzehen

- Getrocknete italienische **Tomaten** (möglichst ungeschwefelt – daran erkennbar, dass sie nicht ganz so rot sind) in **viel Wasser** 5 Minuten kochen.
- Abgießen und mit **frischem Wasser** erneut aufkochen – diesen Vorgang circa 3- bis 4-mal wiederholen, bis die Tomaten eine schöne rote Farbe haben. Das Wasser als Basis für z. B. Gemüsegerichte aufheben oder eine Suppe daraus machen – es ist auf jeden Fall zu wertvoll, um weggeworfen zu werden!
- Gut abtropfen lassen, mit **Küchenpapier** abtupfen und in **Olivenöl** mit frischem **Thymian** und **Rosmarin** sowie zerdrückten **Knoblauchzehen** einlegen.
- Mindestens eine Nacht im Kühlschrank ziehen lassen, die Tomaten sind so präpariert aber bis zu 3 Monate lang haltbar.

○ War besonders leicht zu kochen
○ Das schmeckt den Kleinen!
○ Lieblingsgericht von ....
○ Für die stillende Mutter

Die wichtigste Zutat: Neugierde

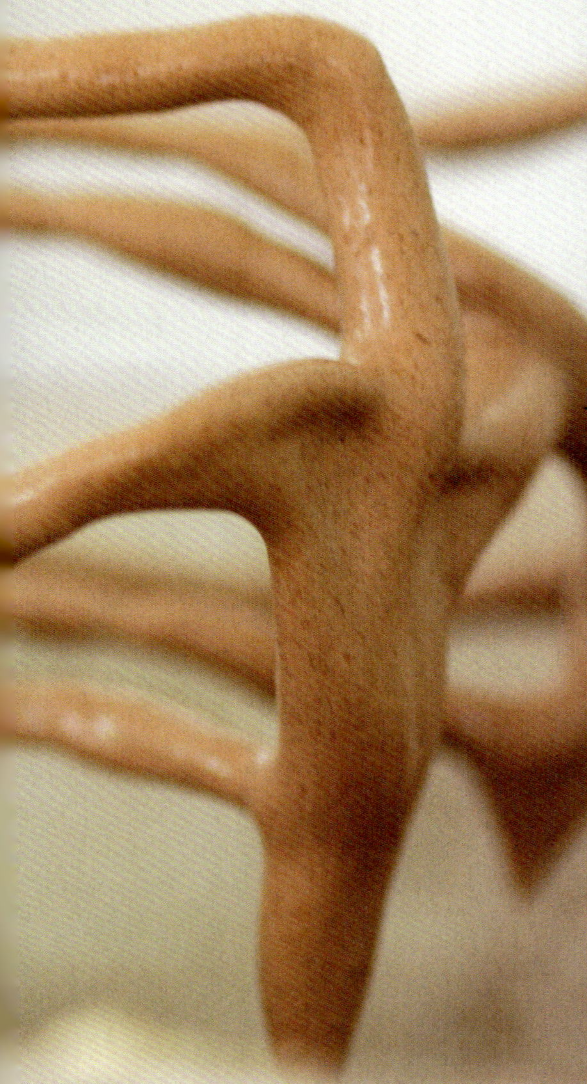

Wer sich mit Neugierde einer noch unbekannten Sache nähert, kommt nicht so leicht ins Strudeln. Neugierde bewahrt einen davor, zu oft daran zu denken, was alles schief gehen könnte. Neugierde ist eine Triebfeder, die einen die eigene Nase tief in eine Angelegenheit stecken lässt, die vielerlei verspricht: Spaß. Freude. Eine Überraschung. Etwas völlig Neues.

Neugierde birgt zwar das Wort „Gier" in sich, aber auf Neues gierig zu sein, kann so schlecht gar nicht sein. Vor allem, wenn man ein gutes Vorbild hat. Direkt vor seiner Nase: das eigene Kind. Der junge Sprössling ist bis oben mit Neugierde gefüllt. Er will nichts anderes, als die Welt um sich herum entdecken. Spielerisch und leicht. Dabei braucht er etwas Führung und die Sicherheit, jederzeit zurück in den sicheren Hafen zu kehren. Genauso ist das bei Ihnen. Sie haben eine Partnerin, die Sie jederzeit fragen können, wie braun goldbraun tatsächlich ist, wann Zwiebeln richtig ins Schwitzen kommen und wann der Braten fix und fertig ist.

Neugierde hat noch einen Vorteil: Sie hält einen davon ab, sich entmutigen zu lassen. Wie sonst würden die Kleinen jemals auf eigenen Beinen stehen, wenn es sie nicht vorher schon hunderte Male auf den Popsch gesetzt hätte. Geben sie auf? Nein. Werden sie missmutig? Nein. Kinder sind hart im Nehmen und lassen sich vom Nicht-Gelingen überhaupt nicht irritieren. Wann haben wir Erwachsene schon mal so viel Ausdauer bewiesen? Wir hoffen immer auf das Unmögliche: dass alles beim ersten Mal klappt. Vergessen Sie es. Denken Sie erst gar nicht daran. Seien Sie neugierig, suchen Sie sich jene Rezepte heraus, von denen Sie wissen möchten, wie gut sie schmecken und wie gut sie vor allem Ihrer Partnerin schmecken. Und seien Sie mutig. Da wären wir auch schon bei der zweiten Zutat: Mut. Und da aller guten Dinge drei sind: Geben Sie noch ein Quäntchen Phantasie dazu. Denn beim Kochen gibt es keine Regeln. Hauptsache, es schmeckt Ihnen und Ihrer Familie.

Wie sehr ich sie immer geliebt habe – die Antipasti beim Italiener ums Eck. Nie hätte ich gedacht, dass diese Speise so einfach herzustellen ist, bis mein Bruder mir eines Tages diese einfache Methode gezeigt hat, selbst Antipasti zuzubereiten – köstlich!

Antipasti:
eingelegte Auberginen, Zucchini und Paprikaschoten

1 große Aubergine
Salz
3 Paprikaschoten (rot, grün, gelb)
2 Zucchini
200 ml Olivenöl
3 EL Vermouth (weißer Martini dry)
5 frische Salbeiblätter
4–5 geschälte Knoblauchzehen

- **Backofen** auf 200° C aufheizen. **Backblech** mit **Backpapier** auslegen.
- **Aubergine** waschen, in dünne Räder schneiden, in eine Schüssel geben, **salzen**, gut durchmischen und für circa 15 Minuten ruhen lassen (das Salz entzieht der Aubergine die Bitterstoffe).
- **Paprikaschoten** waschen und abtrocknen. Im Ganzen auf das Backpapier in den Backofen legen. **Zucchini** waschen, von den Enden befreien und der Länge nach in Streifen schneiden.
- Aubergine waschen, trockentupfen, mit Zucchini und Paprikaschoten auf das Backblech legen (am besten dafür das Blech herausnehmen, sonst kühlt der Ofen zu stark aus) und ab in den Ofen.
- Wenn die Paprikaschoten Blasen werfen, wenden, damit sie von allen Seiten Blasen werfen. Wenn dabei die Haut verbrennt, ist das nicht so tragisch. Auberginenräder und Zucchinistreifen wenden, wenn sie Farbe angenommen haben.
- Wenn die Paprikaschoten rundherum Blasen haben, herausnehmen, in einen **Topf mit Deckel** legen und 20 Minuten nachdünsten lassen.
- In einem weiteren **Topf Olivenöl**, **Vermouth**, die **Salbeiblätter** und die geschälten und etwas zerdrückten **Knoblauchzehen** aufkochen, salzen, beiseitestellen.
- Paprikaschoten aus dem Topf nehmen, schälen (müsste jetzt leicht gehen), entkernen und in die typischen Antipasti-Streifen schneiden. Mit den Auberginenrädern und den Zucchinistreifen abwechselnd in eine **Schüssel** oder ein großes **Gemüseglas** geben, mit der Marinade übergießen, zudecken und auskühlen lassen.

○ War besonders leicht zu kochen ○ Lieblingsgericht von ....
○ Das schmeckt den Kleinen! ○ Für die stillende Mutter

Tipp:

Dieses Gericht nie Kühlschrank-kalt servieren, da sich der Geschmack am besten entwickelt, wenn die Speisen lauwarm sind. (Vorschlag: auf Tellern anrichten, die auf der Heizung platziert noch ein wenig warm werden können. Geht nur bei Heizkörpern in der passenden Breite – eh klar!)

Manchmal sind die einfachsten Dinge die besten: So schnell konnten wir gar nicht schauen, hatte Harald, der Fotograf dieses Kochbuches, bei der Fotoproduktion den Ziegenkäse auch schon aufgegessen – wohl bekomm's!

Gebratener Ziegenkäse in Prosciutto

400 g milder Ziegenkäse
200 g Prosciutto crudo
Olivenöl

- **Ziegenkäse** in circa 1 Zentimeter dicke Scheiben schneiden oder von runden Ziegenkäsetorten Tortenstücke abschneiden.
- Die Scheiben/Stücke in **Prosciutto crudo** (circa ½ Blatt pro Stück) einwickeln.
- Ein wenig **Olivenöl** in einer **Pfanne** stark erhitzen und den eingewickelten Ziegenkäse darin rundherum anbraten.

○ War besonders leicht zu kochen
○ Das schmeckt den Kleinen!
○ Lieblingsgericht von ....
☑ Für die stillende Mutter

Salate

Das griechische Joghurt ist mit unserem kaum vergleichbar und leider auch nur selten auf manchen Märkten erhältlich. Wer Zugang zu einem original griechischen Joghurt hat, möge dieses bitte verwenden, wenn auch die „nördliche Version" mit saurer Sahne/Sauerrahm durchaus etwas für sich hat.

Tzatziki

1 Gurke
1 Knoblauchzehe
¼ l saure Sahne/Sauerrahm
½ TL Salz
1 Olive

- **Gurke** mit **Gemüseschäler** schälen, auf der **Gemüsereibe** grob raspeln, **salzen** und eine Viertelstunde stehen lassen, damit sich etwas Wasser absetzt.
- **Knoblauchzehe** in die **saure Sahne** pressen, gut durchmischen und auch stehen lassen, damit der Knoblauch ein wenig durchziehen kann.
- Spülbecken mit einem sauberen **Küchenhandtuch** auslegen, die geraspelte Gurke daraufgeben, das Küchenhandtuch an den Enden zusammennehmen und so stark zusammendrehen, dass so viel Wasser wie möglich herausgepresst wird.
- Mit der Sahnemischung vermengen und mit einer **Olive** in der Mitte servieren.

○ War besonders leicht zu kochen
○ Lieblingsgericht von ....
○ Das schmeckt den Kleinen!
○ Für die stillende Mutter

Tipp:

Tzatziki kann man auch schon länger im Voraus zubereiten und im Kühlschrank lagern, in diesem Fall kann der Geschmack vom Knoblauch besonders gut in die Gurken einziehen. Meine Großmutter hat die Gurke übrigens nicht gepresst, dafür hieß das Ganze dann aber „Gurkensalat" und hatte auch Essig mit dabei. Und – wenn man den Geschmack mag, kann man statt der sauren Sahne auch Schafsjoghurt verwenden.

Hirsesalat mit Rucola und Sellerie

300 g Hirse
½ Sellerieknolle
125 g Räuchertofu
5 Tomaten
3 Zitronen
Petersilie
Rucola
Olivenöl
2 Becher Ziegenjoghurt
Sauerampferblätter zum Anrichten

- **Hirse** immer waschen und unbedingt relativ stark anbraten (kann man mit oder ohne Fett machen), viel rühren, sie sollte zu knistern beginnen. **Wasser** laut Packungsanleitung dazugeben, circa 5 Minuten kochen und 10 Minuten ziehen lassen.
- **Sellerie** waschen, schälen und grob reiben, **Räuchertofu** grob reiben. **Tomaten** kreuzweise einritzen, mit **kochendem Wasser** überbrühen, 3 Minuten stehen lassen und dann in **eiskaltes Wasser** geben. Schale abziehen, Tomaten in kleine Würfel schneiden (= Tomatenconcassé).
- **Zitronen** pressen, **Petersilie** hacken, **Rucola** in mundgerechte Stücke teilen, waschen und abtropfen lassen.
- Hirse auf ein **Tablett** streichen, damit sie schnell auskühlen kann.
- In einer Salatschüssel geriebenen Sellerie und Räuchertofu, Tomatenconcassé, Zitronensaft, Petersilie, Rucola, viel **Olivenöl**, **1 ½ Becher Ziegenjoghurt** und die ausgekühlte Hirse mischen.
- 4 Teller mit **Sauerampferblättern** auslegen, Hirsesalat mithilfe einer kleinen Schüssel daraufstülpen, mit **dem restlichen Ziegenjoghurt** beträufeln.

○ War besonders leicht zu kochen
○ Das schmeckt den Kleinen!
○ Lieblingsgericht von ....
✔ Für die stillende Mutter (mit wenig Zitronensaft)

Ich könnte „mich eingraben“ in dieses Gericht – vor allem das steirische Kürbiskernöl macht diesen Salat zu einer Köstlichkeit, gerade in Kombination mit dem Schafskäse. Wer keinen Zugang zu Kürbiskernöl hat, kann natürlich auch ausschließlich Olivenöl verwenden.

Spinatsalat mit Feta und Kernöl

250 g Blattspinat
2 EL Kürbiskerne
150 g Feta (griechischer Schafskäse)
2 EL Kürbiskernöl
2 EL Olivenöl
Salz
2 EL Balsamico-Essig

- **Blattspinat** waschen, von den Stielen befreien, abtropfen lassen.
- **Kürbiskerne** in einer **Pfanne** ohne Zugabe von Fett unter stetigem Rühren anrösten.
- **Feta** in kleine Würfel schneiden.
- In einer großen Schüssel **Kürbiskernöl** mit **Olivenöl**, **Salz** und **Balsamico-Essig** gut zu einer Marinade verrühren.
- Die Spinatblätter in mundgerechte Stücke reißen, zur Marinade geben, gut durchmischen und auf Tellern anrichten.
- Zum Schluss die Feta-Würfel und die gerösteten Kürbiskerne darüberstreuen.

- [ ] War besonders leicht zu kochen
- [ ] Das schmeckt den Kleinen!
- [ ] Lieblingsgericht von ....
- [x] Für die stillende Mutter

Spargelsalat
mit Avocado und Paprikaschoten

500 g gut und großzügig geschälter Spargel
Zucker
1 reife Avocado
½ rote Paprikaschote
½ gelbe Paprikaschote
2 EL Zitronensaft
3 EL Olivenöl
1 EL frischer Oregano
Salz

- **Spargel** in leicht **gezuckertem Wasser** kochen, **Avocado** der Länge nach in der Mitte auseinanderschneiden, vom Kern befreien, schälen und in Scheiben schneiden.
- **Paprikaschoten** entkernen, vierteln und dünn schneiden.
- **Zitronensaft** mit **Olivenöl** mischen, **Oregano** hacken und hinzufügen, ein wenig **salzen** (diese Marinade heißt jetzt „Vinaigrette").
- Auf den Tellern zuerst die Avocadoscheiben anrichten, dann den Spargel in 5 Zentimeter langen, schräg geschnittenen Stücken darüberlegen, Paprikastücke daraufstreuen und zum Schluss mit Vinaigrette begießen.

○ War besonders leicht zu kochen
○ Lieblingsgericht von ....
○ Das schmeckt den Kleinen!
✓ Für die stillende Mutter

TIPP:
Für eine „wilde" Variante alles in eine Schüssel werfen und vorsichtig mit der Marinade verrühren.

Tabouleh

250 g Couscous
(gibt's in der Asia-Abteilung im Supermarkt)
250 g Gurke
250 g Tomaten
1 Zitrone
3 EL Olivenöl
1 Handvoll Minze
1 Handvoll Petersilie

- **Couscous** in eine Schüssel geben und waschen. Dafür lauwarmes Wasser in die Schüssel rinnen lassen, mit der Hand ein paar Mal umrühren und das Wasser wieder vorsichtig ableeren. Das Ganze insgesamt 5-mal wiederholen.
- **Gurke** und **Tomate** in möglichst kleine Würfel schneiden und zum gewaschenen Couscous geben. Eine **Zitrone** auspressen und den Saft mit **Olivenöl** hinzufügen.
- **Minze** und **Petersilie** ganz klein schneiden und gut unter den Couscous mischen.
- Das Ganze mindestens eine Stunde lang stehen lassen – kein Wasser mehr dazugeben, der Couscous nimmt das Wasser von Gurken und Tomaten auf.

- ○ War besonders leicht zu kochen
- ○ Das schmeckt den Kleinen!
- ○ Lieblingsgericht von ....
- ☑ Für die stillende Mutter (mit wenig Zitrone)

Tipp:

Nach der Stillzeit kann man auch eine klein geschnittene Zwiebel hinzufügen.
Wer mag, kann dem Tabouleh mit Ajvar oder Harissa eine besondere Note geben.

Löwenzahnsalat
mit Tofu-Croûtons und Sellerie-Chips

½ Sellerieknolle
Sonnenblumenöl
Olivenöl
200 g Tofu
Teriyaki-Sauce
braunes Sesamöl
Sesam
Löwenzahnsalat
Salz
Balsamico-Essig

- **Sellerieknolle** mit dem **Gemüseschäler** schälen und in lange Streifen hobeln, diese in **Sonnenblumenöl** frittieren: nicht zu heiß – am Anfang sollte es schäumen, wenn es nicht mehr schäumt, sind die Chips fertig (dazwischen immer wieder vorsichtig umrühren, damit sie nicht zusammenkleben). Auf **Küchenpapier** abtropfen lassen.
- In eine Pfanne etwas **Olivenöl** erhitzen, in Würfel geschnittenen **Tofu** darin unter oftmaligem Wenden lange zu Croûtons braten. Mit **Teriyaki-Sauce**, **braunem Sesamöl** und **Sesam** marinieren bzw. fertigbraten.
- **Löwenzahnsalat** waschen, von den langen Stielen befreien, abtropfen lassen. Mit **Olivenöl**, **Salz** und **Balsamico-Essig** marinieren.
- Salat auf 4 Teller verteilen, Croûtons und Chips darüberstreuen.

Tipp:

Solcherart Chips herstellen kann man auch aus Roten Rüben (Öl dann aber mit geringerer Temperatur), Süßkartoffeln und natürlich aus Kartoffeln.

○ War besonders leicht zu kochen
○ Das schmeckt den Kleinen!
○ Lieblingsgericht von ....
✔ Für die stillende Mutter

Kichererbsensalat

1 Tasse getrocknete Kichererbsen
1 Knoblauchzehe
Olivenöl
Saft von einer Zitrone
1 kleiner Bund Petersilie

- **Kichererbsen** 4 Stunden lang, am besten über Nacht, in **kaltem Wasser** einweichen.
- Wasser abgießen, Kichererbsen in einen **Topf** geben, so viel **kaltes Wasser** zugeben, dass sie mehr als bedeckt sind, zum Kochen bringen (Wasser nicht salzen!).
- So lange kochen lassen, bis die Kichererbsen weich sind (mindestens eine Stunde, manchmal auch länger), in ein **Sieb** abgießen, mit **warmem Wasser** das ausgetretene „Eiweiß" abspülen.
- In eine **Schüssel** geben, gepresste **Knoblauchzehe**, viel **Olivenöl**, **Zitronensaft** und gehackte **Petersilie** dazugeben, gut durchrühren. Zudecken und ziehen lassen.

○ War besonders leicht zu kochen
○ Das schmeckt den Kleinen!
○ Lieblingsgericht von ....
○ Für die stillende Mutter

Waldorfsalat

250 g Sellerieknolle
250 g Äpfel
100 g Walnüsse
1 hartgekochtes Eigelb
Salz
Pfeffer
1 TL Senf
1 TL Zucker oder Honig
4 EL Zitronensaft
⅛ l saure Sahne/Sauerrahm
⅛ l Schlagsahne/Schlagobers

- **Sellerieknolle** waschen, schälen und roh in sehr feine Streifen schneiden oder raffeln. **Äpfel** schälen, vom Kerngehäuse befreien, ebenfalls in Streifen schneiden. Einige **Walnüsse** zum Garnieren auf die Seite stellen, den Rest fein hacken.
- **Hartgekochtes Eigelb**, **Salz**, **Pfeffer**, **Senf**, **Zucker oder Honig** und **Zitronensaft** zu einer Salatsauce verrühren, **saure Sahne** unterrühren. **Schlagsahne** eventuell schlagen, vorsichtig unterheben.
- Salat mit der Marinade vermengen, in eine Salatschüssel geben, mit den restlichen Walnüssen verzieren und vor dem Servieren zwei Stunden gut gekühlt ziehen lassen.

○ War besonders leicht zu kochen
○ Das schmeckt den Kleinen!
○ Lieblingsgericht von ....
✔ Für die stillende Mutter

Thailändischer Pilzsalat

250 g Enokitake-Pilze (Samtfußrüblinge)
frischer Koriander samt Wurzeln
4 frische Chilischoten
1–2 Limetten
Sesamöl
Fischsauce

- **Enokitake-Pilze** putzen (nicht waschen! Pilze werden nicht gewaschen, sondern nur mit einem feuchten Tuch abgerieben und mit einem kleinen Messer von Erde befreit), Stiele am unteren Ende abschneiden.
- **Koriander** waschen und ganz klein schneiden, von den **Chilischoten** auf einem Plastikbrett (nicht auf dem Holzbrett, sonst wird nachher alles höllisch scharf) das erste Drittel klein schneiden (Vorsicht! nicht zu viel mit bloßen Fingern angreifen, das kann nachbrennen!!! eventuell Gummihandschuhe anziehen oder besonders vorsichtig sein).
- **Limetten** pressen, alles gut zusammenmischen, mit ein wenig **Sesamöl** und etwas **Fischsauce** würzen.

○ War besonders leicht zu kochen
○ Das schmeckt den Kleinen!
○ Lieblingsgericht von ....
✔ Für die stillende Mutter (ohne Chili)

Passt gut:

als Beilage zu all den hier angeführten Thai- und Asia-Gerichten.

Fingerspitzengefühl

Da ist es wieder: Gefühl zeigen wird verlangt. Etwas, in dem Männer ja gar nicht so gut sein sollen. Sagt man jedenfalls. Auch beim Kochen spricht man vom Gefühl, das man angeblich in den Fingerspitzen mit sich herumträgt und mit dem man im Bedarfsfall genau die richtige Menge Salz für die Suppe, den Eintopf oder das Hühnchengericht erwischt. Aber was ist schon eine Prise Salz? Oder eine Messerspitze Pfeffer? Und warum gibt es nicht exakte Mengenangaben – damit man sich in der Zeit nach der Geburt wenigstens an irgendetwas halten kann.

Hier gleich mehrere Tipps zur Beruhigung: Erstens: Gute Zutaten brauchen nicht viel Drumherum. Zweitens: Sparsam würzen, denn nachwürzen können Sie immer noch. Drittens: Gewürze in Körnerform gleich mitkochen, frische Kräuter zum Schluss dazu. Viertens: Immer nur ein Hauptgewürz verwenden – zu viele Gewürze verderben den „Brei". Fünftens: Es gibt auch gute Kräutermischungen, die man fertig kaufen kann. Sechstens: Beinahe alle Gewürze, bis auf Paprikapulver, sollten nach Möglichkeit frisch gemahlen, besser noch in einem Mörser zerstoßen werden. Nur so bleiben die Aroma- und Duftstoffe, die sich gerne aus dem Staub machen, erhalten. Und das wirkt sich nicht nur auf den Geschmack, sondern auch auf die Gesundheit aus. Das Wichtigste jedoch: Gegen Langeweile ist ein Kraut gewachsen. Und nicht nur eines. Frische Kräuter wie Basilikum und Rosmarin für italienische Gerichte, Koriander für asiatische oder Majoran und Thymian verleihen jedem Rezept das Tüpfelchen auf dem „i".

Das Gute an der Sache mit dem Fingerspitzengefühl: Man erwischt jedes Mal eine andere Menge Gewürze oder Zutaten, und daher schmeckt es auch jedes Mal ein bisschen anders. Sie haben gerade die Erkenntnis Ihres jungen Kochlebens gemacht: Mit Fingerspitzengefühl zu kochen, vergrößert Ihr Kochrepertoire. Kein Gerücht! Also vergessen Sie exakte Mengenangaben und vertrauen Sie auf Ihr Gefühl.

Ein wunderbares Rezept für einen Nudelsalat der anderen Art! Ganz besonders liebe ich an diesem Salat die unterschiedlichen Zutaten, die perfekt harmonieren und als Vorspeise einen besonderen Genuss garantieren ...

Glasnudelsalat

1 Packung Glasnudel-Tagliatelle oder dünne Fadennudeln
1 rote Paprikaschote
1 gelbe Paprikaschote
1 Chilischote
1 Tasse Sojasprossen
Saft von 1 Zitrone
3 EL helle Sojasauce
2 EL geschnittener Koriander
2 klein geschnittene Knoblauchzehen
3 EL Sesamöl
3 EL klein geschnittenes Basilikum
2 EL Tamarindenpaste

- **Glasnudel-Tagliatelle** in **kaltem Wasser** einweichen, stehen lassen, abtropfen, mit einer Schere in 10 Zentimeter lange Stücke schneiden und 2–3 Minuten kochen.
- **Paprikaschoten** in kleine Streifen schneiden, **Chilischote** entkernt (damit's nicht ganz so scharf ist) klein schneiden.
- Alles zusammen mit **Sojasprossen**, **Zitronensaft**, **Sojasauce**, **Koriander**, **Knoblauch**, **Sesamöl**, **Basilikum** und **Tamarindenpaste** marinieren und auf Tellern anrichten. Mit etwas Flüssigkeit, die sich am Boden absetzt, begießen und servieren.

○ War besonders leicht zu kochen
○ Lieblingsgericht von ....
○ Das schmeckt den Kleinen!
○ Für die stillende Mutter

BEILAGEN
(die aber teilweise auch als Hauptspeisen durchgehen ...)

In meiner Familie wurden die Kartoffeln immer im Schnellkochtopf gekocht, ich habe diese Zubereitungsart übernommen – nicht nur aus Zeitgründen, sondern weil dadurch die wertvollen Vitamine und Mineralstoffe dieses Allround-Gemüses bestmöglich erhalten bleiben. Wer keinen Schnellkochtopf zu Hause hat, kann die folgenden Rezepte selbstverständlich genauso ohne diesen Küchenhelfer zubereiten.

Kartoffeln aus dem Schnellkochtopf

1 kg festkochende/speckige Kartoffeln
Salz

- **Kartoffeln** („festkochend" sollte draufstehen oder „speckig" – wenn sie „mehlig kochend" sind, zerfallen sie leicht) waschen.
- In einen **Schnellkochtopf** unabhängig von der Kartoffelmenge circa ¼ **Liter Wasser** geben, Kartoffeln hineinlegen (wenn es einen **Siebeinsatz** gibt, dann auf den Siebeinsatz legen), **salzen**, Topf fest verschließen, auf die Kochplatte stellen und auf maximale Leistung aufdrehen.
- Nach ein paar Minuten kann man hören, wie sich das Ventil vom Topf schließt, und sehen, wie das Druckluftventil langsam nach oben steigt. Sobald es sich auf dem zweiten Ring befindet, die Temperatur reduzieren, circa 7 Minuten (bei großen circa 10 Minuten) so belassen (meistens erkennt man, ob Kartoffeln fertiggekocht sind, am Geruch, der sich plötzlich in der Küche verbreitet – der Geruch gekochter Kartoffeln ...). Dann den Kochtopf von der Kochstelle nehmen, kaltes Wasser darüberlaufen lassen (das Ventil senkt sich damit). Wenn ein Pfiff ertönt und das Ventil ganz herunten ist, kann man den Topf gefahrlos öffnen.
- Kartoffeln herausheben, das Kochwasser abgießen oder eventuell aufheben, wenn es die weitere Zubereitung erfordert.

○ War besonders leicht zu kochen
○ Das schmeckt den Kleinen!
○ Lieblingsgericht von ....
☑ Für die stillende Mutter

Petersilienkartoffeln

1 kg Kartoffeln
(im Schnellkochtopf gekocht)
Butter
1 Bund frische Petersilie
Salz

- **Petersilie** waschen, abtropfen, die Blätter von den Stängeln abzupfen und klein schneiden.
- In einen **Topf** (am besten in den noch warmen Schnellkochtopf) ein paar Scheiben **Butter** und die klein geschnittene Petersilie geben. Danach die gekochten **Kartoffeln** schälen, in der Mitte durchschneiden und vorsichtig (damit es keine Püree wird) dazumischen. **Salzen** und servieren.

○ War besonders leicht zu kochen
○ Das schmeckt den Kleinen!
○ Lieblingsgericht von ....
☑ Für die stillende Mutter

Kartoffelpüree

1 kg Kartoffeln
(im Schnellkochtopf gekocht)
evtl. etwas Kochwasser der Kartoffeln
100 g Butter
½ l Milch
Salz
geriebene Muskatnuss

- In den noch warmen **Topf (Schnellkochtopf)**, in dem die Kartoffeln gekocht wurden, ein paar Scheiben **Butter**, **Milch**, **Salz** und etwas **Muskatnuss** geben.
- Die gekochten **Kartoffeln** noch im warmen Zustand schälen. Mit einer **Kartoffelpresse** in den Topf hineinpressen, alles gut vermischen. Falls das Ganze zu fest ist, noch etwas Milch oder das **Kochwasser der Kartoffeln** dazugeben.

○ War besonders leicht zu kochen
○ Das schmeckt den Kleinen!
○ Lieblingsgericht von ....
☑ Für die stillende Mutter

Tipp:

Sehr gut schmeckt es auch, wenn man eine halbe Sellerieknolle mit den Kartoffeln mitkocht und mitpresst. Man kann aber auch rote spitze Paprikaschoten klein schneiden, in einer Pfanne mit Olivenöl, Knoblauch, Oregano und Salz abbraten und dann über das Kartoffelpüree geben.

Am besten verwendet man für Rösti Kartoffeln, die am Vortag gekocht und geschält wurden und die Nacht im Kühlschrank verbracht haben. Sie bleiben besser „in Form" als frisch gekochte.

Rösti

1 kg Kartoffeln
(im Schnellkochtopf gekocht)
4 EL Maiskeimöl
Salz
1 EL Kümmel

- Die gekochten **Kartoffeln** schälen, auskühlen lassen und grob raspeln. In einer möglichst großen **Pfanne Maiskeimöl** erhitzen, Kartoffeln dazugeben, **Salz** und **Kümmel** dazu und das Ganze gut anbrutzeln lassen. Dafür die Pfanne immer wieder 1–2 Minuten lang ruhig stehen lassen, damit die Kartoffeln so richtig schön braun werden können.

○ War besonders leicht zu kochen
○ Das schmeckt den Kleinen!
○ Lieblingsgericht von ……………
✔ Für die stillende Mutter

Polenta

40 g Butter
Salz
250 g Polenta/Maisgrieß
geriebene Muskatnuss
evtl. etwas Öl

- ½ **Liter Wasser** in einem **Topf** zum Kochen bringen, die **Butter** dazugeben, **salzen. Polenta** unter ständigem Rühren in das kochende Wasser einlaufen lassen (bei manchen Maissorten ist etwas mehr Wasser nötig). Mit **Muskatnuss** würzen und 10 Minuten stark kochen lassen. Noch weitere 20 Minuten auf kleinster Flamme dünsten, wobei immer wieder kurz gerührt werden muss.
- Je nachdem, ob man die Polenta lieber flüssiger oder fest isst, noch etwas Wasser hinzufügen. Wer sie gerne sehr flüssig mag, sollte circa 1 ½- bis 2-mal so viel Wasser verwenden!
- Wer die Polenta im Ofen knusprig braten möchte, sollte sie früher vom Herd nehmen und erkalten lassen. Dann mit einem großen **Teller oder Brett** den Topf abdecken und umdrehen, um die Polenta zu stürzen. Danach in Scheiben schneiden und mit ein wenig **Öl** bestrichen auf **Alufolie** in den heißen **Backofen** (circa 200° C) geben und brutzeln lassen.

Tipp:
Passt gut zur Lammkeule Victory auf Seite 140.

○ War besonders leicht zu kochen
○ Das schmeckt den Kleinen!
○ Lieblingsgericht von ……………
✔ Für die stillende Mutter

Gekochter Reis

1 Tasse Reis
(vorzugsweise Basmati-Reis)
Salz

- **Reis** in einem großen **Metallsieb** (in den Plastiksieben bleiben die Reiskörner leicht hängen und verstopfen die Löcher) unter laufendem Wasser vorsichtig waschen, bis das Wasser halbwegs klar durchrinnt. Vorsichtig deshalb, weil Basmati-Reis sonst brechen kann, und dann hat man lauter kleine Reisstücke statt Reiskörner. In einem **Topf 1 ½ Tassen Wasser** zum Kochen bringen, **salzen** und den Reis dazugeben. Warten, bis das Ganze wieder zu kochen begonnen hat.
- **Gasherd** auf die kleinste Flamme drehen, Deckel auf den Topf, Reis circa 12 Minuten leicht köcheln lassen.
- Beim **Elektroherd** nach dem neuerlichen Aufkochen Deckel auf den Topf, Herd abdrehen und den Reis 15 Minuten lang ziehen lassen.

○ War besonders leicht zu kochen
○ Das schmeckt den Kleinen!
○ Lieblingsgericht von ....
✔ Für die stillende Mutter

Risi-Pisi

gekochter Reis
1 Packung Tiefkühlerbsen

- **Tiefkühlerbsen** zum gekochten Reis geben, durchmischen und ohne Deckel ein paar Minuten weiterköcheln lassen, bis das restliche Wasser verdunstet.

○ War besonders leicht zu kochen
○ Das schmeckt den Kleinen!
○ Lieblingsgericht von ....
✔ Für die stillende Mutter

Tipp:
Passt gut zum gefüllten Huhn auf Seite 142.

Safranreis

10 bis 20 Safranfäden
1 Tasse Basmati-Reis
Salz
evtl. 1 kleiner TL Kurkuma
1 Handvoll Sultaninen oder Rosinen
gemahlener Kardamom
Zimt

- **Safranfäden** in **1 Tasse lauwarmem Wasser** einweichen, möglichst über Nacht.
- **Basmati-Reis** wie links beschrieben waschen. In einem **Topf** das Safranwasser zum Kochen bringen, **salzen** und den Reis dazugeben. Warten, bis das Ganze wieder zu kochen begonnen hat, und auf die kleinste Flamme drehen. **Deckel** auf den Topf geben und den Reis circa 12 Minuten köcheln lassen.
- Falls der Safran qualitativ nicht so hochwertig oder schon etwas älter ist, kann es passieren, dass der Reis nicht ganz so gelb wird, wie man es sich wünschen würde. In diesem Fall kann man nachhelfen, indem man ein klein wenig **Kurkuma** dazugibt und mitkocht.
- Gegen Ende des Reiskochens **Rosinen bzw. Sultaninen** dazugeben und noch ein Weilchen mitkochen, damit sie auch weich werden.
- Zum Schluss kann man den Reis mit **Kardamom** und etwas **Zimt** würzen.

- [ ] War besonders leicht zu kochen
- [ ] Das schmeckt den Kleinen!
- [ ] Lieblingsgericht von ....
- [x] Für die stillende Mutter

Für dieses Gericht sollte man den vorsichtig gewaschenen Reis am besten etwas mehr als bedeckt in lauwarmem Salzwasser mindestens 4 Stunden oder über Nacht einweichen.

Persischer Reis

pro Person etwa 1 Tasse persischer Reis (weißer geschliffener Basmati-Reis, oft aus dem Iran, auf dem Markt erhältlich)
Salz
Öl oder Ghee

- In einem größeren **Topf gesalzenes Wasser** zum Kochen bringen, den in ein **Metallsieb** abgegossenen **Reis** ins kochende Wasser geben.
- Warten, bis das Wasser nochmals kocht, eine Minute weiterkochen lassen und den Reis abgießen. Der Reis sollte „al dente", also bissfest sein und nicht zu weich. Reis kalt abspülen.
- Den Boden des idealerweise beschichteten **Topfes** mit **Öl oder Ghee** bedecken, Reis dazugeben. Mit einem Kochlöffelstiel ein paar Löcher in den Reis stechen (damit sich Dampf und Hitze besser verteilen können). Mit einem Deckel, der mit einem sauberen **Küchenhandtuch** umwickelt ist, gut abgedichtet zudecken und auf kleinster Flamme dämpfen lassen.
- Nach circa 30 Minuten ist der Reis fertig und kann als „Reistorte" auf einen Teller gestürzt werden. Ist der persische Reis perfekt gelungen, dann hat sich am Boden eine goldbraune knusprige Schicht gebildet – „Tahdig" genannt. Statt ihn zu stürzen, kann man den Reis auch locker zu einem Reisberg aufschichten.

○ War besonders leicht zu kochen
○ Das schmeckt den Kleinen!
○ Lieblingsgericht von ....
✔ Für die stillende Mutter

Geschmacksfrage

Wussten Sie, dass Ihre Frau Feinde hat? Seit der Schwangerschaft? Zur Beruhigung: Es sind ganz natürliche Feinde, die Ihrer Frau im Magen liegen und ihr das Leben schwer machen. Und zur weiteren Beruhigung: Es gibt ein ganz einfaches Verfahren, sie loszuwerden: Verbannung. Aus der Küche. Und zwar sofort. Ja, das Leben ist hart. Aber es gibt noch genug Aufregendes in der ersten Zeit, da braucht es nicht auch noch Blähungen beim Baby oder Tees, die die Muttermilch versickern lassen.

Die Feinde:

- Salbei- und Pfefferminztee, Hibiskus, manchmal auch Petersilie, da dadurch die Muttermilch zurückgehen kann.
- Zitrusfrüchte und stark säurehaltige Säfte, weil sonst der Po Ihres Babys wund werden kann.
- Kaffee, schwarzer Tee, Coca-Cola oder andere koffeinhaltige Getränke, da Ihr Babys das Koffein mittrinkt, unruhig wird und schlecht schläft. Und das wollen Sie ganz sicher vermeiden!
- Spargel, weil er den Geschmack der Muttermilch verändert und manche Babys das nicht mögen.
- Bohnen, Sauerkraut, Zwiebel, Knoblauch, einfach alles, was Ihrer Frau Blähungen verursacht und dem Baby natürlich auch.
- Roher Fisch, rohe Würste und rohes Fleisch und dazu noch rohe Eier – wie beispielsweise im Tiramisu.
- Schokolade – auch wenn der Hunger nach Süßem noch so groß ist: Der darin enthaltene Zucker kann bei Babys zu Blähungen führen.
- Alkohol! Dadurch wird der Herzschlag des Babys schneller. Wer ein Gläschen Sekt oder ein Bier trinken möchte, sollte dies unmittelbar nach dem Stillen tun, damit bis zur nächsten Stillmahlzeit der Alkohol zum größten Teil abgebaut ist.
- Scharfe Gewürze oder stark gewürzte Speisen können Ihr Baby nervös machen.

Doch das Gelbe vom Ei heißt immer noch ausprobieren. Denn nicht jedes Kind reagiert gleich. Daher einfach darauf achten, was gut tut und was nicht, und hier im Kochbuch am besten gleich bei den Rezepten eintragen.

Karotten-Polenta-Taler

200 g Karotten
2 TL Gemüsebrühe/Suppenpulver
40 g Butter
160 g Polenta/Maisgrieß
20 g Parmesan
Salz
Pfeffer
Maiskeimöl

- **Karotten** schälen, mit einer **Gemüsereibe** grob raspeln und gut ausdrücken.
- ½ **Liter Wasser** mit **Gemüsebrühe** und **Butter** zum Kochen bringen und unter Rühren die **Polenta** einrieseln lassen. Weiterrühren und circa 2 Minuten köcheln lassen. Dann die Masse vom Herd nehmen und die geraspelten Karotten und den **Parmesan** einrühren. Mit **Salz** und **Pfeffer** würzen.
- Eine **Frischhaltefolie** auf eine **Platte oder ein Backblech** legen, die Masse circa 1 Zentimeter dick darauf verstreichen und auskühlen lassen. Polenta auf ein **Brett** stürzen, Folie abziehen und mit einer runden **Keksform** oder einem kleinen **Glas** runde Taler ausstechen. Die Taler mit etwas **Öl** in einer beschichteten **Pfanne** beidseitig braten.

- [ ] War besonders leicht zu kochen
- [ ] Das schmeckt den Kleinen!
- [ ] Lieblingsgericht von ....
- [x] Für die stillende Mutter

Für dieses Rezept muss man den richtigen Zeitpunkt zum Ernten der Walnüsse erwischen: Irgendwann zwischen Mai und Juli sind die Schalen der Nüsse noch grün und es haben sich im Inneren bereits Nüsse gebildet, die harte Schale ist aber noch nicht verholzt. Wenn man die Nüsse nun erntet und aufschneidet oder einsticht, gibt es keinen harten Widerstand. Doch den richtigen Zeitpunkt zu erwischen, ist eine Kunst, und dann bedarf es noch einer langwierigen Zubereitung ... aber es lohnt sich: Zu Käse, Wild und auch Eisdesserts sind schwarze Walnüsse eine seltene Köstlichkeit!

Schwarze Walnüsse

1 kg grüne Walnüsse
Salz
1 unbehandelte Zitrone
900 g Vollrohrzucker
1 Zimtstange
1 TL Gewürznelken

- **Walnüsse** rundherum mit einer Spicknadel etwa 10-mal einstechen (es empfiehlt sich, Gummihandschuhe anzuziehen) und in ein **Einmachglas** füllen. Die Nüsse mit **Salzwasser** bedecken und täglich das Wasser erneuern, insgesamt 2 Wochen lang.
- Dann die Nüsse in reichlich frischem **Salzwasser** zum Kochen bringen und circa 5 Minuten auf kleiner Flamme kochen lassen.
- Die Schale von der **Zitrone** abreiben, den Saft auspressen. Saft und Schale mit ¾ **Liter Wasser**, **Vollrohrzucker**, **Zimtstange** und **Gewürznelken** aufkochen und so lange köcheln lassen, bis die Flüssigkeit Sirup-artig ist.
- Anschließend die Gewürze herausnehmen, die Nüsse in den Sirup geben und weich kochen. Dann die Nüsse samt Sirup in Einmachgläser füllen, sofort verschließen und 4 Wochen lang kühl und dunkel lagern.

○ War besonders leicht zu kochen
○ Das schmeckt den Kleinen!
○ Lieblingsgericht von ....
✓ Für die stillende Mutter

Ratatouille

3 Paprikaschoten (rot, grün, gelb)
1 mittelgroße Aubergine
Olivenöl
1–2 Zucchini (je nach Größe)
1 Dose geschälte Tomaten
Salz
Rosmarin
2 Knoblauchzehen
1 Bund Petersilie
evtl. Thymian, Basilikum, Oregano

- **Paprikaschoten** waschen, entkernen und in 1 Zentimeter große Quadrate schneiden. **Aubergine** in kleine Würfel schneiden und in einer sehr heißen **Pfanne** mit **Olivenöl** anbraten.
- **Zucchini** waschen, einmal der Länge nach halbieren und halbe Räder schneiden.
- Paprikastücke zur Aubergine geben, weiterrösten, bis sie etwas weicher sind, dann die Zucchini dazu.
- Jetzt die **Dosentomaten** dazugeben, mit **Salz** und **Rosmarin** würzen, leicht weiterkochen lassen (die Hitze reduzieren). **Knoblauchzehen** schälen und in Scheiben schneiden – dazugeben. Noch circa 15 Minuten leicht köcheln lassen, **Petersilie** klein hacken und untermischen, mit Gewürzen abschmecken (z. B. Thymian, Basilikum, Oregano).

- [ ] War besonders leicht zu kochen
- [ ] Das schmeckt den Kleinen!
- [ ] Lieblingsgericht von ....
- [x] Für die stillende Mutter (ohne Knoblauch)

Spätzle

400 g glattes Weizenmehl
4 Eier
1 TL Salz

- **Mehl** in eine Schüssel geben, in die Mitte eine Vertiefung eindrücken, **Eier**, **Salz** und **4 Esslöffel Wasser** in die Vertiefung geben. Den Teig von der Mitte aus verrühren.
- Nach und nach circa **8 Esslöffel Wasser** dazugießen. Darauf achten, dass keine Klumpen entstehen. Den Teig so lange schlagen, bis er Blasen wirft.
- Danach den Teig portionsweise mit einer **Teigkarte** durch das **Spätzlesieb** in **kochendes Salzwasser** streichen.
- Die Spätzle sind fertig, wenn sie an der Oberfläche schwimmen.
- Die fertigen Spätzle am besten mit einem großen **Teesieb** aus dem Kochwasser holen und kurz in **frisches warmes Wasser** tauchen.
- Die abgetropften Spätzle in einer Schüssel zugedeckt warm halten.

- [ ] War besonders leicht zu kochen
- [ ] Das schmeckt den Kleinen!
- [ ] Lieblingsgericht von ....
- [x] Für die stillende Mutter

Tomatoes-to-die-for

1 ½ kg feste Tomaten
Olivenöl
Salz
Pfeffer
Zucker

- Mit einem **scharfen Messer** die **Tomaten** bearbeiten: ein Kreuz in die Schale schneiden, die Tomaten mit **kochendem Wasser** überbrühen, 3 Minuten stehen lassen und dann in **eiskaltes Wasser** geben. Schale abziehen, die Tomaten halbieren und die Kerne entfernen.
- Ein **Backblech** mit **Alufolie** auslegen und mit **Olivenöl** bepinseln. Mit der Schnittfläche nach unten die Tomatenhälften darauflegen. Mit **Salz** und **Pfeffer** bestreuen. Auf jede Tomatenhälfte circa 1 Teelöffel **Zucker** darüberstreuen, mit etwas Olivenöl beträufeln.
- Bei 200° C im **Backofen** – je nach Größe der Tomaten – etwa 40 Minuten backen.

○ War besonders leicht zu kochen
○ Das schmeckt den Kleinen!
○ Lieblingsgericht von ……………………
✔ Für die stillende Mutter

Schmeckt heiß und kalt!

Vegetarische Hauptspeisen

Artischocken mit Vinaigrette

4 Artischocken
1 Zitrone
3 Tomaten
1 Zwiebel
1 Bund Petersilie
3 EL Olivenöl
2 EL Balsamico-Essig
1 EL Weißwein-Essig
Salz
Pfeffer
evtl. Paprikaschoten
evtl. Zucchini

- Etwa ½ **Liter Salzwasser** in einen hohen **Topf** geben und aufkochen lassen. Inzwischen die **Artischocken** unter fließendem Wasser waschen und putzen: Stiel unterhalb der Artischocke abbrechen, damit die langen Fasern mitgerissen werden, oben 1 Zentimeter der Artischocke mit einem Messer abschneiden, die Spitzen der einzelnen Blätter rundherum mit einer **Schere** abschneiden. Mit einer aufgeschnittenen **Zitrone** die Schnittflächen abreiben.
- Sobald das Salzwasser kocht, den Saft der Zitrone dazugießen und die Artischocken aufrecht in den Topf stellen. Sie sollen dabei nicht ganz mit Wasser bedeckt sein. Die Artischocken zugedeckt bei großer Hitze etwa 30 Minuten kochen.
- Für die Vinaigrette die Haut der **Tomaten** kreuzweise einschneiden, Tomaten mit **kochendem Wasser** überbrühen, 3 Minuten stehen lassen und dann in **eiskaltes Wasser** geben. Schale abziehen, die Tomaten halbieren, von den Kernen befreien und klein schneiden.
- **Zwiebel** und **Petersilie** klein schneiden, in eine Schüssel geben, Tomaten, **Olivenöl**, **Balsamico-** und **Weißwein-Essig** und **Salz** dazugeben. Nach Geschmack auch **Paprika** und **Zucchini** hinzufügen. **Salzen** und **pfeffern.**
- Artischocken in 4 Suppentellern und Vinaigrette in 4 Schüsselchen separat servieren.
- Zum Essen die Artischockenblätter einzeln abzupfen und als Löffel für die Vinaigrette verwenden: Das Fruchtfleisch mit den Zähnen abnagen.

○ War besonders leicht zu kochen
○ Das schmeckt den Kleinen!
○ Lieblingsgericht von ....
○ Für die stillende Mutter

Väter allein zu Haus

Windeln wechseln, Schnuller suchen, auf den Rücken klopfen – Kinder sind keine Frauensache. Das können Väter auch. Das Einzige, was sie nicht können, ist Kinder gebären und ihnen die Brust geben. Das liegt in der Natur der Sache. Alles andere liegt am Üben, Üben, Üben.

Am Anfang ist es noch merkwürdig, wenn man nicht weiß, wie man das kleine Geschöpf angreifen soll, ohne dass es zerbricht. Aber mit der Zeit nimmt man sein Kind einfach auf den Arm, wirbelt es in der Luft herum, bringt es zum Lachen. Die meisten Väter trauen ihren Kindern viel mehr zu als die meisten Mütter und fördern so ihre geistigen und motorischen Fähigkeiten. Doch auch sonst nehmen Väter oft eine Sonderstellung ein, gerade dann, wenn sie nicht immer zu Hause sind. Einer ist zum Beispiel für seine Papa-Pasta beliebt. Dabei geht es gar nicht darum, dass die Zutaten nur aus Tomatensugo und einigen Gewürzen bestehen. Die Nudeln schmecken seinen Kindern deswegen so gut, weil sie eben der Papa macht. Und noch dazu immer am Samstag. So wird einfache Pasta zu einem Ritual, auf das sich alle freuen.

Kinder sind eben auch Männersache. Das Einzige, was sie dafür brauchen, ist Zeit. Und zwar Zeit, die sie allein mit ihrem Kind verbringen. Ohne dass ihnen jemand dazwischenredet, ohne dass sie das Gefühl haben, sowieso alles falsch zu machen. Denn dann gelingt es ihnen, ihre ganz eigene und spezielle Beziehung zu dem kleinen Geschöpf aufzubauen.

Und auch wenn das jetzt einige Mütter gar nicht gerne hören: Ist das Baby zwischen neun und 15 Monate alt, kann sich die Mutter eine kleine Auszeit gönnen. Und zwar für mindestens 18 Tage. 18 Tage dauert es, bis dem Vater sein Kind so richtig unter die Haut geht und er einen Sensor für das kleine Wesen entwickelt hat, wie ihn die meisten Mütter haben. Auch wenn ein Vater anschließend wieder von der Arbeitswelt eingeholt wird – in dieser Zeit hat sich ein ganz anderes Verständnis entwickelt. Und zwar für das, was seine Partnerin alles leistet. Und auch für seine Rolle als Vater.

Sellerieschneiben in Bierteig

2 Eier
240 g Mehl
Salz
¼ l Bier
2 EL Öl
1 Sellerieknolle
100 g fein geriebener Hartkäse
Ghee oder Sojaöl

- **Eier** trennen. **Mehl** mit etwas **Salz**, dem **Bier**, dem **Eigelb** der 2 Eier und dem **Öl** zu einem glatten Teig verrühren und mindestens ½ Stunde stehen lassen.
- **Sellerieknolle** in der Zwischenzeit schälen, waschen, in 1 Zentimeter dicke Scheiben schneiden und 5 Minuten in Salzwasser kochen.
- **Eiweiß** der 2 Eier zu festem Schnee schlagen und knapp vor dem Herausbacken mit dem geriebenen **Käse** unter den Teig mischen. Selleriescheiben zuerst in **Mehl** wenden und dann in den Teig eintauchen.
- In einer **Pfanne Ghee oder Sojaöl** erhitzen und die Gemüsescheiben darin beidseitig goldbraun backen.

○ War besonders leicht zu kochen
○ Das schmeckt den Kleinen!
○ Lieblingsgericht von ....
✓ Für die stillende Mutter

Pochierte Eier
mit Senfsauce im Reisbett

2 Zwiebeln
Öl
2 Tassen Rundkornreis
Salz
Butter
1 EL Tomatenmark
2 EL Senf
2 EL Hefe
2 EL Mehl
Gemüsebrühe/Suppenpulver
saure Sahne/Sauerrahm oder Crème fraîche
8 Eier
8 EL Essig

- Für den Reis **1 Zwiebel** klein schneiden und in etwas **Öl** glasig braten. **Reis** hinzufügen und kurz mitbraten. Mit **4 Tassen Wasser** aufgießen, **salzen** und auf kleiner Flamme zugedeckt weichkochen.
- Währenddessen **die zweite Zwiebel** klein schneiden, in etwas **Butter** und **Öl** anschwitzen, **Tomatenmark** dazugeben, kurz braten lassen, **Senf** dazugeben.
- **Hefe** mit **Mehl** stauben, dazugeben und mit etwas **Wasser** mit **Gemüsebrühe** aufgießen.
- Mit **saurer Sahne oder Crème fraîche** verfeinern.
- **8 Eier** öffnen und in einer Schöpfkelle einzeln in **2 Liter sehr sanft kochendes Wasser** mit **Essig** hineingleiten lassen. 5 Minuten kochen, dann die Eier in ein **Sieb** abgießen.
- Den fertig gekochten Reis auf 4 Tellern anrichten, jeweils eine Mulde eindrücken und je 2 Eier und Senfsauce in die Mulde geben.

○ War besonders leicht zu kochen
○ Das schmeckt den Kleinen!
○ Lieblingsgericht von ....
○ Für die stillende Mutter

Großwarasdorf, das ist ein Dorf im Burgenland (Österreich), und von dort stammt meine Familie mütterlicherseits. Fleckerln, das sind quadratisch geschnittene typisch österreichische Nudeln, eher bekannt von den Schinkenfleckerln, hier aber mit Quark/Topfen zu einem göttlichen Gericht vereint. Übrigens das Lieblingsessen von meinem Sohn ...

Großwarasdorfer Fleckerln

300 g Fleckerln oder ähnliche kleine Nudeln
Salz
Olivenöl
50 g Butter
80 g Weizengrieß
1 Becher saure Sahne/Sauerrahm
500 g grobkörniger Quark/Bröseltopfen

- **Fleckerln** in **Salzwasser** mit einem Schuss **Olivenöl** eine Minute kürzer kochen als angegeben.
- Währenddessen die **Butter** in einer **Pfanne** zerlassen. **Weizengrieß** mit **saurer Sahne** dazugeben, mit ⅛ **Liter Wasser** vermischen und bei mittlerer Hitze quellen lassen. **Salzen.**
- Lange am Herd brutzeln lassen – mit der Zeit wird die sogenannte „Firza" kleiner, bröckeliger und brauner. Ein Viertel des **Quarks** dazubröseln, durchmischen und das Ganze bei etwas stärkerer Hitze kochen lassen (damit es schön knusprig und braun wird). Ab und zu umrühren.
- Die gekochten und in ein **Sieb** abgegossenen Fleckerln dazugeben, noch einmal ein Viertel des **Quarks** dazubröseln, anbrutzeln lassen. Jetzt den Rest des **Quarks** beimengen, durchmischen und gleich anrichten.

- [ ] War besonders leicht zu kochen
- [ ] Das schmeckt den Kleinen!
- [ ] Lieblingsgericht von ....
- [x] Für die stillende Mutter

Spaghettini aglio olio

500 g Spaghettini
4 Knoblauchzehen
4 EL klein geschnittene Petersilie
(evtl. Tiefkühl-Petersilie)
1/8 l Olivenöl
Salz
Pfeffer

- **Spaghettini** (sind dünner als Spaghetti, die manchmal einfach zu dick für dieses Gericht werden – hängt aber von der Marke ab) in **Salzwasser** mit einem Schuss **Olivenöl** bissfest kochen.
- In der Zwischenzeit in einer **Pfanne** 2–3 Esslöffel des **Nudel-Kochwassers** erhitzen. **Knoblauchzehen** hineinpressen und auf ganz kleiner Flamme köcheln.
- **Petersilie** dazugeben, Herd abdrehen, **Olivenöl** dazugeben und **salzen**.
- Spaghettini in ein **Sieb** abgießen, in die Pfanne zum Knoblauch-Petersilien-Öl geben und gut durchmischen.
- Nach Geschmack **salzen und pfeffern**.

○ War besonders leicht zu kochen
○ Das schmeckt den Kleinen!
○ Lieblingsgericht von ....
○ Für die stillende Mutter

Diese schnelle und einfache Variante von Käsnudeln gab's bei uns zuhause immer Sonntag abends, wenn nach einem ganzen Wochenende Kocherei niemand mehr wirklich Lust darauf hatte, länger in der Küche stehen zu müssen.

Sonntagabend-Käsnudeln

500 g Penne
Olivenöl
300 g Emmentaler
Salz

- **Penne** in **Salzwasser** mit einem Schuss **Olivenöl** kochen, währenddessen den **Emmentaler** grob reiben.
- Eine möglichst große **Pfanne** stark erhitzen, die gekochten und abgetropften Nudeln hineingeben, Emmentaler darüberstreuen, **salzen** und gut vermischen.
- Immer wieder eine oder zwei Minuten auf der Kochstelle stehen lassen, ohne umzurühren, erst dann umrühren, damit sich eine knusprige, braune Käseschicht bilden kann.

Dazu passt:
jede Art von saftigem Salat, wie z. B. grüner Salat oder Gurkensalat (siehe Rezept Tzatziki auf Seite 76).

○ War besonders leicht zu kochen
○ Das schmeckt den Kleinen!
○ Lieblingsgericht von ....
✓ Für die stillende Mutter

Orecchiette
mit Ziegenfrischkäse und Zucchini

1 Tomate
Olivenöl
2 Knoblauchzehen
Salz
2 mittelgroße Zucchini
50 g Pinienkerne
500 g Ziegenfrischkäse
500 g Orecchiette oder Farfalle

- **Tomate** in Würfel schneiden, mit 2 Esslöffel **Olivenöl**, **1 fein geschnittenen Knoblauchzehe** und **Salz** eine Stunde lang ziehen lassen. **Zucchini** in Würfel schneiden.
- Die **andere Knoblauchzehe** blättrig schneiden und in **Olivenöl** goldbraun dünsten. **Pinienkerne** hacken, mit dem Knoblauch etwas rösten. Nun die Zucchini dazugeben, **salzen** und etwa 20 Minuten dünsten.
- In der Zwischenzeit **Orecchiette oder Farfalle** in **Salzwasser** mit einem Schuss **Olivenöl** bissfest kochen.
- **Ziegenfrischkäse** mit 2 Esslöffel **Olivenöl** und etwas **Salz** cremig rühren, danach die marinierte Tomate dazugeben.
- Die in ein **Sieb** abgegossenen Nudeln untermengen, anrichten, mit den Zucchini garnieren und warm servieren.

○ War besonders leicht zu kochen
○ Das schmeckt den Kleinen!
○ Lieblingsgericht von ....
✓ Für die stillende Mutter (ohne Knoblauch)

Käsespätzle

Spätzle
(siehe Rezept Seite 105)
150 g geriebener Emmentaler und Bergkäse
2 Zwiebeln
50 g Ghee oder Butter

- **Spätzle** laut Rezept zubereiten und sofort weiterverarbeiten: abwechselnd mit dem geriebenen **Käse** in eine **feuerfeste Form** schichten, die oberste Schicht sollte aus Käse bestehen. Im **Backofen** warm halten.
- **Zwiebeln** schälen, in Ringe schneiden und in **Ghee oder Butter** goldgelb dünsten. Vor dem Servieren über die Käsespätzle geben.

○ War besonders leicht zu kochen
○ Das schmeckt den Kleinen!
○ Lieblingsgericht von ....
✓ Für die stillende Mutter (ohne Zwiebel)

Gemüselasagne

Olivenöl
1 ½ kg Gemüse
(z. B. Zucchini, Kürbis, Auberginen, Karotten, Mais)
2 Knoblauchzehen
1 Dose Tomaten
Salz
Pfeffer
2 EL getrocknete Kräuter
(Rosmarin, Basilikum, Thymian, Oregano)
250 g Parmesan
40 g Butter
20 g Mehl
½ l Milch
gemahlene Muskatnuss
1 Packung Lasagne-Blätter

- Eine **feuerfeste Form** mit **Olivenöl** ausstreichen. Für die Sauce das **Gemüse** waschen, putzen und in kleine Würfel schneiden.
- Gemüse in Olivenöl anbraten, **Knoblauch** dazudrücken, **Dosentomaten** beimengen, **salzen**, **pfeffern**, die **Gewürze** dazugeben. Gut mischen und beiseitestellen.
- **Backofen** auf 180° C vorheizen. **Parmesan** fein reiben.
- In einem kleineren **Topf Butter** auf kleiner Flamme schmelzen, **Mehl** dazugeben und ein bisschen anschwitzen, ohne dass es Farbe annimmt. Topf vom Herd nehmen. In einem weiteren **Topf Milch** zum Kochen bringen, die nun kochende Milch langsam zum Mehl rühren und das Ganze ¼ Stunde lang kochen lassen. **Salzen** und mit einer Prise **Muskatnuss** würzen (nennt sich jetzt „Béchamelsauce").
- Die feuerfeste Form mit **Lasagne-Blättern** auslegen, für die Ecken und Enden Blätter brechen.
- Nun abwechselnd eine Schicht Gemüsesauce, Béchamel, Parmesan und Lasagne-Blätter aufeinanderlegen. Als letzte Schicht Béchamelsauce und darauf reichlich Parmesan geben.
- Die Lasagne circa 40 Minuten im Backofen backen.

Dazu passt:

grüner Salat, Gurkensalat
(siehe Rezept Tzatziki auf Seite 76).

- ○ War besonders leicht zu kochen
- ○ Das schmeckt den Kleinen!
- ○ Lieblingsgericht von ....
- ☑ Für die stillende Mutter (ohne Knoblauch)

Indische Okra

½ kg Okraschoten
Öl
2 klein geschnittene Zwiebeln
2 EL klein geschnittener Ingwer
1 TL Kurkuma oder Currypulver
2 TL geraspelte Kokosnuss
Salz
2 EL klein geschnittene Tomaten
1 EL klein geschnittener Knoblauch

- **Okraschoten** waschen, putzen und in 5 mm breite Ringe schneiden.
- Den Boden einer großen **Pfanne** mit **Öl** bedecken. Okras dazugeben, durchmischen und ohne Deckel anrösten, da sie sonst Wasser lassen. Nicht permanent rühren, sondern die Okras immer wieder ruhen lassen. **Zwiebel** und **Ingwer** hinzufügen.
- Zum Schluss **Kurkuma oder Currypulver**, **Kokosraspeln**, etwas **Salz**, **Tomaten** und **Knoblauch** dazugeben und fertig rösten.

○ War besonders leicht zu kochen ○ Lieblingsgericht von ....
○ Das schmeckt den Kleinen! ○ Für die stillende Mutter

TIPP:

Mit Basmati-Reis und Dhal-Curry servieren (siehe Rezepte Seite 96 und rechts).

Dhal-Curry

¾ l Kokosmilch
300 g rote Linsen
25 g klein geschnittene Zwiebel
10 Curryblätter
½ TL Kurkuma
1 TL Senfkörner
3 gehackte Knoblauchzehen
Salz

- ½ **Liter Kokosmilch** mit ½ **Liter Wasser**, **Linsen**, **Zwiebel**, **Curryblättern**, **Kurkuma**, **Senfkörnern** und **Knoblauch** in einem **Topf** kochen, bis die Linsen weich sind.
- Restliche **Kokosmilch (¼ Liter)** hinzufügen, **salzen**, kurz aufkochen lassen – fertig.

○ War besonders leicht zu kochen ○ Lieblingsgericht von ....
○ Das schmeckt den Kleinen! ○ Für die stillende Mutter

Gratin vom Muskatkürbis

800 g Muskatkürbis
200 ml Milch
Salz
Pfeffer
Maiskeimöl
⅛ l Schlagsahne/Schlagobers
3 Eier
15 g Speisestärke (z. B. Maizena)
40 g geriebener Parmesan
40 g Semmelbrösel
40 g Butterflocken

- **Kürbis** in Spalten schneiden, das faserige Innere herausschaben und die Schale streifenweise mit einem scharfen **Messer** ablösen. In etwa 1,5 Zentimeter große Würfel schneiden. Diese in einem großen **Topf** mit **Milch**, **Salz** und **Pfeffer** zum Kochen bringen, danach auf kleiner Flamme köcheln lassen, bis der Kürbis sehr weich ist. In der Zwischenzeit immer wieder gut umrühren, damit nichts anbrennt.
- **Backofen** auf 190° C vorheizen. Eine **feuerfeste Auflaufform** mit **Maiskeimöl** ausstreichen.
- Kürbis mit **Schlagsahne** verrühren, mit dem **Stabmixer** fein pürieren. **Eier** und **Speisestärke** unterrühren und die Masse in die Auflaufform füllen.
- **Parmesan** mit **Semmelbröseln** vermischen und gleichmäßig darüber verteilen. Mit **Butterflocken** belegen und circa 30–35 Minuten überbacken.

○ War besonders leicht zu kochen
○ Das schmeckt den Kleinen!
○ Lieblingsgericht von ....
✓ Für die stillende Mutter

Safranrisotto

1 Zwiebel
Olivenöl
2 Tassen Risotto-Reis
¼ l Weißwein
20 Safranfäden
2 EL Gemüsebrühe/Suppenpulver
2 EL Berberitzen
200 g geriebener Parmesan
2 EL kalte Butter
Salz
Pfeffer

- **Zwiebel** klein schneiden und in **Olivenöl** glasig dünsten. **Reis** dazugeben und anschwitzen (er darf keine Farbe annehmen). Mit **Weißwein** löschen, **Safranfäden** dazugeben und aufkochen lassen.
- Gemüsefond aus **1 Liter Wasser** und **Gemüsebrühe** kochen, immer wieder Risotto mit kochendem Fond aufgießen, bis die Flüssigkeit komplett verkocht ist. **Berberitzen** dazugeben.
- Zum Schluss geriebenen **Parmesan** hinzufügen, abschmecken. Mit etwas Gemüsefond aufgießen und zum Binden **kalte Butter** gut unterrühren.

○ War besonders leicht zu kochen
○ Das schmeckt den Kleinen!
○ Lieblingsgericht von ....
○ Für die stillende Mutter

Den Braten riecht man (nicht)

Wie man kleinen Missgeschicken begegnet? Das macht jeder auf seine Art. Manche beichten gleich und hoffen auf Verständnis. Manche bevorzugen die kleine Notlüge und ziehen sich schnell aus der Affäre. Andere wieder suchen sich einen Schuldigen und schieben alles von sich.
Dabei ist es doch meist so: Den Braten riecht man. Egal, wie sehr man sich auch bemüht, das Missgeschick zu vertuschen. Beim Kochen ist das ähnlich. Doch da hat man Glück – da gibt es den Trick 17.

Wenn einmal etwas anbrennt, langweilig schmeckt oder viel zu scharf geworden ist – was soll's. Seien Sie schlau, bewahren Sie Ihre kleinen Küchengeheimnisse einfach für sich. Und wenden Sie Trick 17 an. Trick 17 beschreibt einen Lösungsweg, der sofort funktioniert. Gut, dass es ihn gibt. Noch besser, wenn man ihn beim Kochen anwenden kann. Hier finden Sie die besten Manöver aus dem Schlamassel. Denn Ihre Partnerin muss den Braten nicht riechen. Zumindest nicht jedes Mal.

- Zu viel Salz erwischt: Das Fingerspitzengefühl war schon richtig, nur die Finger zu groß. Daher geschälte Kartoffel, Brot oder ein Tee-Ei mit Reis mitkochen und am Ende wieder herausnehmen. Voilà!
- Zu scharf gewürzt: Gegensätze ziehen sich auch in der Küche an – Zucker hilft und macht Scharfes wieder genießbar.
- Zu intensiv im Geschmack: Dann einfach mit milden Saucen oder Wasser verdünnen.
- Zu dünne Suppen oder Saucen: Manchmal hilft es, die Suppe oder die Sauce weiterkochen zu lassen, damit die Flüssigkeit einfach verdampfen kann.
- Zu langweilig: Wenn es nach nichts schmeckt, fehlen einfach noch ein paar Gewürze. Mit Salz und Pfeffer eher sparsam umgehen, dafür frische Kräuter verwenden. Die machen den großen Unterschied aus!
- Zu viel Zucker hineingerutscht: Dann einfach etwas Zitronensaft oder Apfelessig beimengen. Aber vorsichtig. Sie kennen das ja, wenn der Tisch schief steht und man beginnt ein Tischbein abzusägen. Und dann ist er wieder schief und so weiter ...

Lange bevor wir beide Mütter wurden, haben meine Freundin Schre und ich bei unseren Abenden auf meiner grünen Couch diesen herrlichen Nudelsalat verzehrt und dazu heiße Schokolade getrunken.

Schres lauwarmer Nudelsalat

250 g (Dinkel-)Spiralnudeln
Olivenöl
2 kleine oder 1 große Zucchini
1 reife Avocado
2 Tomaten
1 gelbe Paprikaschote
2 Zitronen
1 Bund Petersilie
1 Knoblauchzehe
Salz
Pfeffer
1 EL Ingwerpulver
1 Bund frischer Koriander oder
2 EL Korianderpulver

- **Nudeln** in **Salzwasser** mit einem Schuss **Olivenöl** kochen (eher bissfest – die Nudeln werden nachher durch die Marinade sonst eventuell zu weich). In der Zwischenzeit **Zucchini** waschen, der Länge nach achteln und in das kochende Nudelwasser geben.
- **Avocado** in der Mitte bis zum Kern einschneiden, drehen, um sie zu öffnen, vom Kern befreien, entweder mit einem Löffel aushöhlen oder schälen (je nachdem, was leichter geht). In mundgerechte Stücke schneiden.
- Zucchini aus dem Salzwasser nehmen und ebenfalls in mundgerechte Stücke schneiden.
- **Tomaten** und **Paprikaschote** in kleine Stücke schneiden, **Zitronen** pressen, **Petersilie** waschen und hacken, **Knoblauch** schälen.
- Die fertig gekochten Nudeln in ein **Sieb** abgießen, kalt abschrecken, in eine Schüssel geben und mit viel Olivenöl begießen.
- Avocado-, Zucchini-, Tomaten- und Paprikastücke untermischen. Die Knoblauchzehe dazupressen, Zitronensaft und Petersilie beigeben, **salzen** und **pfeffern**. Mit **Ingwerpulver** und viel klein geschnittenem **Koriander** (notfalls Korianderpulver) würzen.
- Den Salat gut, aber vorsichtig mischen, damit das Ganze kein Brei wird ...

○ War besonders leicht zu kochen
○ Lieblingsgericht von ....
○ Das schmeckt den Kleinen!
✓ Für die stillende Mutter (ohne Knoblauch)

Arepas sind das venezolanische Nationalgericht, das es dort an jeder Straßenecke mit den verschiedensten und interessantesten Füllungen zu kaufen gibt. Arepas Tati sind mein Nationalgericht, sie sind einfacher herzustellen als die südamerikanischen Originale.

Arepas Tati

ca. 250 g Arepamehl
(= vorgekochtes Maismehl, gibt's z. B. bei indischen Händlern auf dem Markt und heißt „Harina Pan")
Salz
Maiskeimöl
2 Dosen Thunfisch
(bitte Delfin-freundlich gefangen)
2 Becher saure Sahne/Sauerrahm

- ¼ **l kaltes Wasser** in eine Schüssel geben, **salzen**, **Arepamehl** mit der linken Hand reinrieseln lassen und mit der rechten (gewaschenen ...) Hand ohne Unterbrechung vermischen, bis der Teig nicht mehr flüssig ist. Er darf aber auch nicht zu fest sein, sonst wird er später steinhart, denn das Mehl nimmt nachträglich noch Wasser auf. Teig ½ Stunde rasten lassen.
- In eine möglichst große **Pfanne** bodenbedeckend **Maiskeimöl** füllen und bei mittlerer bis großer Flamme erhitzen.
- Aus dem Teig mit den Handflächen kleine Kugeln rollen, diese dann zu kleinen dickeren „Fladen" zusammendrücken. Nach und nach ins heiße Fett legen – es sollte gleich brutzeln, sonst ist das Öl noch nicht heiß genug. Wenn's jedoch zischt, ist es zu heiß.
- Wenn die Arepas schön goldgelb-braun sind, mit einer Schöpfkelle aus dem Fett heben und auf zwei Lagen **Küchenpapier** zum Abtropfen legen.
- **Thunfisch** mit **saurer Sahne** mischen. Arepas seitlich einschneiden, sodass man „kleine Taschen" erhält, die nun mit der Thunfischsauce gefüllt werden können.

○ War besonders leicht zu kochen
○ Lieblingsgericht von ....
○ Das schmeckt den Kleinen!
✓ Für die stillende Mutter

Tipp:
Schmeckt auch mit anderen Füllungen gut – z. B. mit gutem Käse (Bergkäse, Mozzarella) oder mit Hummus (siehe Rezept Seite 58).

Samosas

500 g Weizenmehl
Salz
Maiskeimöl
3–4 Kartoffeln
1 klein geschnittene Zwiebel
1 EL klein geschnittener Ingwer
2 klein geschnittene Knoblauchzehen
½ TL Chilipulver

- Für den Teig **Mehl** mit **Salz** vermischen, 2 Esslöffel **Maiskeimöl** hinzufügen, dann langsam beim Kneten so lange **Wasser** dazugeben, bis ein druckfester Teig entsteht. 10 Minuten ruhen lassen.
- Für die Füllung die **Kartoffeln** (circa 20 Minuten) kochen, schälen, mit **Maiskeimöl** in einer Pfanne erhitzen, **Zwiebel**, **Ingwer**, **Knoblauch** und **Chilipulver** dazugeben, durchrösten, zu einem Brei zerdrücken und beiseitestellen.
- Aus dem Teig (Kaugummi-artige, festere Konsistenz) kleine Kugeln formen, auseinanderrollen, 1 Esslöffel Kartoffelfülle daraufsetzen, Ränder rundherum mit Wasser nass machen, zusammenklappen und -drücken. Die Taschen in einer **Pfanne** mit ½ Zentimeter hoch **Maiskeimöl** frittieren.
- Traditionellerweise wird zu Samosas Chutney gereicht – entweder auf dem Markt oder in der Asia-Abteilung im Supermarkt zu finden oder auch ganz einfach selbst zu improvisieren: z. B. 3 Esslöffel Marillenmarmelade mit 1 Teelöffel Essig versetzen und – voilà! Fertig ist das „schnelle Chutney" …

○ War besonders leicht zu kochen
○ Das schmeckt den Kleinen!
○ Lieblingsgericht von ....
✔ Für die stillende Mutter (ohne Zwiebel)

Tipp:

Aus dem Teig, der übrigbleibt, kann man übrigens „Brot" machen, indem man wiederum kleine Kugeln formt, diese zu kleinen Fladen ausrollt, die man in Öl frittiert. Und das Ganze heißt dann „Buri". Wer will, kann in den Teig vorher noch getrocknete Spalterbsen einarbeiten – eine interessante, wohlschmeckende Variante.

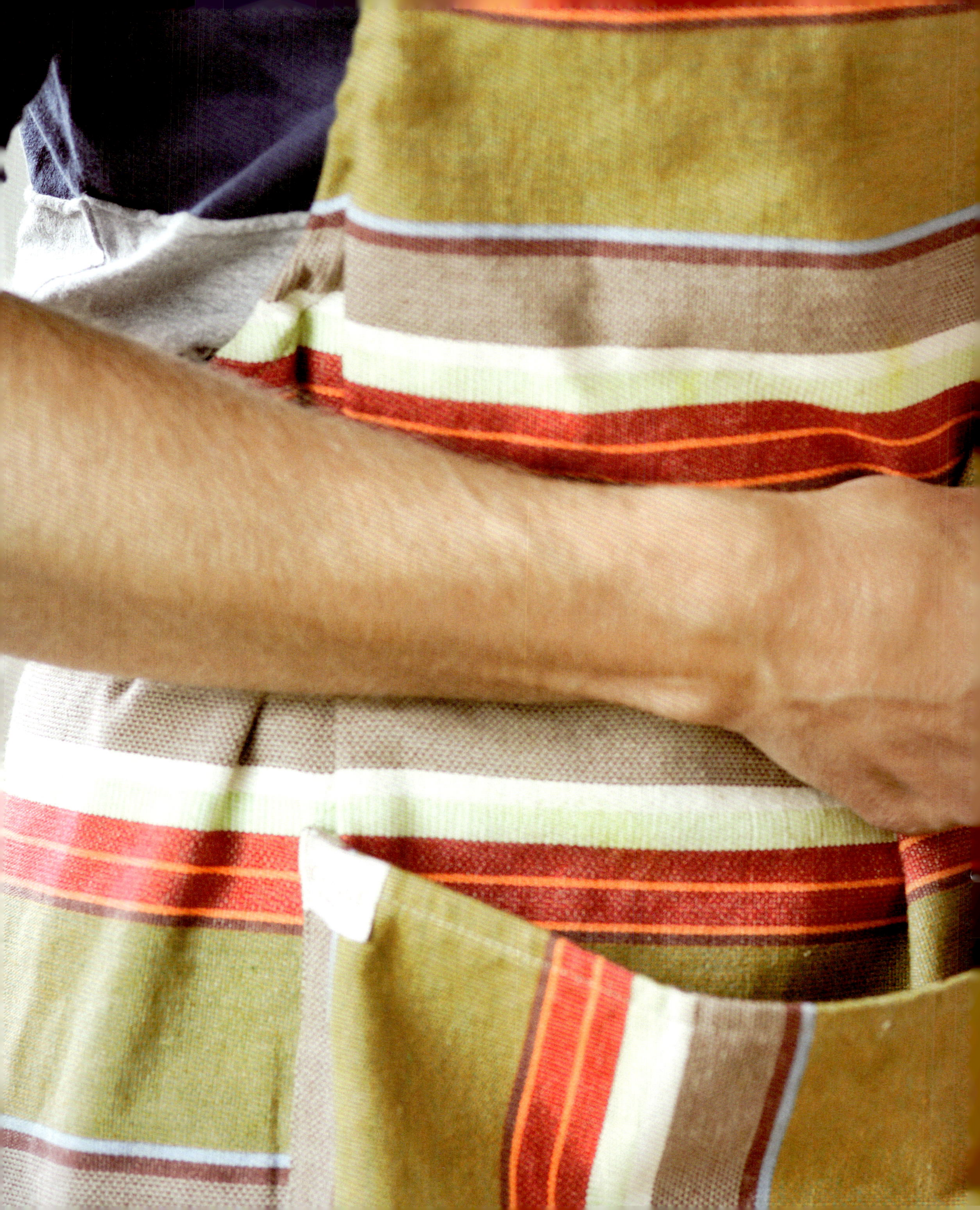

Fleisch-
& Fischgerichte

Cevapcici
mit Paprika-Zucchini-Gemüse

1 kg Rinder- und Kalbshackfleisch/-faschiertes
5 Knoblauchzehen
1 großes Ei
2 TL Paprikapulver
Salz
Pfeffer
2 TL Majoran
1 rote und 1 gelbe Paprikaschote
1 Zucchini
1 große Zwiebel
Öl

- **Hackfleisch** mit gepresstem **Knoblauch**, **Ei** und **Paprikapulver** gut verkneten. Mit **Salz**, **Pfeffer** und **Majoran** abschmecken. Kalt stellen.
- **Paprikaschoten** in 2 mal 2 Zentimeter große Stücke schneiden, **Zucchini** in Scheiben schneiden, **Zwiebel** schälen und in Ringe schneiden.
- 2 Esslöffel **Öl** in einer **Pfanne** erhitzen, das Gemüse unter Rühren anbraten, salzen und pfeffern. Bei mittlerer Hitze in knapp 10 Minuten fertiggaren. Das Gemüse sollte noch bissfest sein.
- Inzwischen auch die Cevapcici braten: Dazu aus dem Fleischteig gut daumendicke, etwa 6 Zentimeter lange Rollen formen. In eine Pfanne etwas mehr als bodenbedeckend **Öl** geben, erhitzen und die Cevapcici darin von allen Seiten knusprig braun braten.

○ War besonders leicht zu kochen
○ Das schmeckt den Kleinen!
○ Lieblingsgericht von ....
○ Für die stillende Mutter

Dazu passt:

Tzatziki (siehe Rezept Seite 76), Salat, Gewürzgurken, fein gehackte Zwiebel, Pfefferoni.

Der kleine Prinz

Jetzt mal zu einem Wort, das vielen Vätern – und Müttern natürlich auch – ganz schön auf die Nerven geht: Anderebabys. Anderebabys sind die Perfektion, eingehüllt in Babypuder, zarte Po-Creme und frische Windeln. Anderebabys sind jene Babys, die alles besser und früher bewerkstelligen können als das eigene Baby.
Mit drei Monaten können sie bereits bis fünf zählen, mit vier Monaten beherrschen sie den Pinzettengriff, ihre Feinmotorik entspricht nicht ihrem Alter, sondern dem der älteren Geschwister. Anderebabys beginnen mit acht Monaten zu laufen – das Sich-auf-die-Seite-Rollen haben sie in ihrer Entwicklungsphase übersprungen, aufs Robben haben sie gleich ganz verzichtet. Anderebabys sind ihrer Zeit weit voraus. Sie verstehen alles, wissen, was vorgeht, schreien wenig – im besten Fall gar nicht –, essen brav und machen dann gleich ihr Bäuerchen – auch ohne Aufforderung. Anderebabys schlafen natürlich die Nacht durch oder zumindest so lange, dass sich ihre Eltern ausreichend regenerieren können und somit nicht die geringste Ahnung von den alles überschattenden verschiedenen Stufen des Schlafentzugs haben. Anderebabys sind Alleskönner. Kleine Prinzen und Prinzessinnen, die nach zwei Tagen schon Mama und Papa sagen können und ihre Eltern stolz machen.

So sehen das jedenfalls die Eltern. Denn zu Anderebabys gehören auch Andereeltern. Andereeltern sehen Kindererziehung als Leistungssport, der sich wie eine Epidemie ausbreitet. Die Ansteckungsgefahr ist groß, die Nerven liegen blank – welches Baby wird gewinnen? Andereeltern von Anderebabys wissen auch immer alles besser und sind rund um die Uhr im Stand-by-Modus, um ihren Rat an den Mann zu bringen.

Es gibt nur eine Möglichkeit, dieser Gefahr zu entkommen: Ruhe bewahren. Einen Schritt von Andereeltern wegmachen. Nur das hören, was man hören will. Und sich lieber auf sein eigenes Bauchgefühl verlassen. Denn das haben Väter in ausreichender Menge. Und auch ihr Kind weiß, ganz instinktiv, wann es den nächsten Schritt machen möchte.

Durch das Marinieren über Nacht wird die Lammkeule besonders zart. Erstaunlich dabei ist, dass dieses Rezept ohne ein Körnchen Salz auskommt – und dabei besonders schmackhaft ist.

Lammkeule Victory

1 EL Honig
4 EL Rotwein
4 EL Olivenöl
Saft von ½ Zitrone
1 EL scharfer Senf
6 Knoblauchzehen
frischer Rosmarin
Thymianzweige
6 Salbeiblätter
Oregano
1 Lammkeule

- In einem Topf **Honig** mit 4 Esslöffel **Rotwein** (kann auch mehr sein), **Olivenöl**, **Zitronensaft** und **scharfem Senf** erwärmen. **Knoblauchzehen** dazupressen. Ein paar Zweige frischen **Rosmarin** und **Thymian**, **Salbeiblätter** und **ein wenig** (Vorsicht – wird schnell zu viel!) **Oregano** dazugeben.
- Mit dieser Mischung die von allen Seiten gewaschene, dann abgetrocknete und möglichst entfettete **Lammkeule** (am besten am Markt beim Türken ordern und den Knochen abhacken lassen) bestreichen, in **Alufolie** gut einbetten (da werden dann wohl mehrere Schichten notwendig sein – das ist der schwierigste Part in diesem Rezept ...) und den restlichen Saft dazugießen. Auslaufsicher einwickeln und über Nacht im Kühlschrank ihrem Schicksal überlassen.
- Am nächsten Tag den **Backofen** auf 220° C vorheizen, die eingewickelte Keule in eine **feuerfeste Form** legen und 2–2 ½ Stunden im Ofen garen lassen.

○ War besonders leicht zu kochen
○ Das schmeckt den Kleinen!
○ Lieblingsgericht von ....
✓ Für die stillende Mutter

Dazu passt:

Polenta, Tomatoes-to-die-for (siehe Rezepte Seite 94 und 106) oder mitgebratenes oder gekochtes Gemüse.

Wenn meine Oma dieses herrlich gefüllte Huhn in den Backofen geschoben hat, waren so schnell wie sonst nie immer alle Familienmitglieder am Mittagstisch. Und wie mit so manchen Erinnerungen aus meiner Kindheit ist es auch hier so: Nie kann mein gefülltes Huhn auch nur annähernd so gut schmecken wie das von der Wastl-Oma. Was mir aber positiv auffällt: Wenn ich das Huhn in den Backofen schiebe, sind so schnell wie sonst nie immer alle Familienmitglieder am Mittagstisch ...

Gefülltes Huhn „Wastl-Oma“

1 Zwiebel
2 EL Butter oder Öl
⅛ l Milch
3 Eier
1 Bund Petersilie
250 g entrindetes, zerbröckeltes Weißbrot/Semmelwürfel
Muskatnuss
Salz
1 Bio-Freilandhuhn
etwas Gemüsebrühe/Suppenpulver

- Klein geschnittene **Zwiebel** in **Butter oder Öl** glasig braten, vom Herd nehmen und mit **Milch**, **Eiern** und klein geschnittener **Petersilie** vermischen. Entrindetes, zerbröckeltes **Weißbrot** dazugeben und das Ganze mit **Muskatnuss** und **Salz** würzen. Zur Seite stellen und ziehen lassen. **Backofen** auf 200° C vorheizen.
- Das **Huhn** von seinen Innereien befreien, unter fließendem kaltem Wasser waschen und mit **Küchenpapier** trockentupfen. Mit den Fingern vorsichtig unter die Haut von Brust und Beinen fahren und die Haut vom Fleisch lösen, sodass rechts und links Taschen entstehen, die möglichst weit nach hinten gehen, ohne dass die Haut dabei reißt.
- Jetzt kommt's zum heiklen Teil: Zuerst eine **dicke Nadel mit dickem Faden** versehen. Mit einem Esslöffel oder **Dressiersack** mit großer Öffnung die Fülle in die Hühnertaschen stopfen. Wenn die Fülle untergebracht ist, die Öffnung zunähen. Huhn mit den Händen gut **einölen**, **salzen** und in eine **feuerfeste Form** mit der Brust nach unten legen.
- Im Backofen (auf der mittleren Schiene oder unten) braten. Wenn das Huhn Farbe bekommt, den Ofen auf 160° C zurückdrehen, das Huhn herausnehmen und vorsichtig umdrehen (am besten schnell mit Gummihandschuhen). Dann zum Fertigbraten wieder in den Backofen schieben.
- ¼ **Liter Wasser** mit etwas **Gemüsebrühe** verrühren und damit das Huhn ab und zu begießen. Insgesamt braucht das Huhn in Stunden circa so lange, wie es in Kilogramm schwer ist – also ein 1,5 Kilogramm schweres Huhn bedarf circa 1 ½ Stunden Bratzeit (oder auch lieber ein bisschen länger – das schadet nicht). Falls das Huhn oben zu dunkel wird, mit **Alufolie** bedecken, die für die letzten 5–10 Minuten wieder abgenommen wird, damit es so richtig knusprig wird. Den Saft des Huhns aufheben und beim Servieren dazureichen.

Tipp:

Falls nach dem Füllen des Huhns noch Fülle übrigbleibt, kann man den Rest in kleine feuerfeste Formen füllen und am Ende mitbraten.

Dazu passt:

Petersilienkartoffeln, Reis und/oder Salat (siehe Rezepte Seite 93 und 96).

○ War besonders leicht zu kochen
○ Das schmeckt den Kleinen!
○ Lieblingsgericht von ....
✓ Für die stillende Mutter (evtl. ohne Fülle – wegen der Zwiebel)

Panaeng-Curry mit Pute

1 Putenbrust im Ganzen
200 g Spalterbsen
1 große Aubergine
2 EL Kokosfett
1–2 EL Currypaste
(aus dem Asia-Laden am Markt)
2 EL Tomatenmark
etwas Gemüsebrühe/Suppenpulver
¼ l Kokosmilch
2 Knoblauchzehen
Fischsauce
Tamarindensirup
1 EL Palmzucker
Thai-Basilikum
Zitronenblätter

- **Putenbrust** kalt waschen, trockentupfen und entgegen den Längsfasern des Fleisches in dünne Scheiben schneiden. **Spalterbsen** waschen, **Aubergine** klein schneiden.
- **Kokosfett** in einer **Pfanne** erhitzen, bis es ganz leicht braun wird. Spalterbsen und Auberginen-Stücke darin anbraten. **Currypaste** mitbraten, anschwitzen lassen und das Ganze von der Kochstelle nehmen.
- Fleisch in einer **Pfanne** bei starker Hitze anbraten – dabei nicht umrühren, da es sonst gedünstet wird. Einmal umdrehen und wieder zum Anbraten stehen lassen. **Tomatenmark** hinzufügen und auch ein wenig anbraten lassen. Mit **Gemüsefond** (am einfachsten **Wasser** mit etwas **Gemüsebrühe**) löschen, Auberginen-Erbsen-Curry hinzufügen.
- Jetzt die **Kokosmilch** und die dünn geschnittenen **Knoblauchzehen** dazugeben, leicht kochen lassen.
- Mit **Fischsauce**, etwas **Tamarindensirup**, **Palmzucker** und klein geschnittenem **Thai-Basilikum** würzen.
- Mit dünn geschnittenen **Zitronenblättern** bestreut servieren.

Dazu passt:
z. B. Jasminreis.

○ War besonders leicht zu kochen
○ Das schmeckt den Kleinen!
○ Lieblingsgericht von ....
○ Für die stillende Mutter

Paprikahuhn

4 große Hühnerbrustfilets
vom Bio-Freilandhuhn
1 Zwiebel
3 EL Öl
1 TL Paprikapulver
1 TL Gemüsebrühe/Suppenpulver
¼ l saure Sahne/Sauerrahm
1 EL Mehl

- **Hühnerbrustfilets** gut waschen, trockentupfen. **Zwiebel** hacken, in **Öl** hell anrösten, **Paprikapulver** und danach die Hühnerbrüste dazugeben. Mit **Wasser** inklusive **Gemüsebrühe** (= „falscher" Gemüsefond) aufgießen und ½ Stunde auf kleiner Flamme zugedeckt dünsten.
- Die Fleischstücke herausnehmen. **Saure Sahne** mit **Mehl** versprudeln, zur Sauce geben, kurz aufkochen und über die Huhnstücke gießen.

○ War besonders leicht zu kochen ○ Lieblingsgericht von ....
○ Das schmeckt den Kleinen! ○ Für die stillende Mutter

Beste Beilage:
Spätzle (siehe Rezept Seite 105). Sonst passen aber auch Reis (siehe Rezept Seite 96) oder Serviettenknödel.

Hühnerschnitzel

4 Hühnerbrustfilets
vom Bio-Freilandhuhn
Salz
Mehl
2 Eier
Semmelbrösel
Maiskeimöl

- **Hühnerbrustfilets** in der Mitte auseinanderschneiden, von Fett, Knorpeln und Sehnen, so gut es geht, befreien, waschen und mit **Küchenpapier** trockentupfen. **Salzen.**
- 3 Suppenteller mit jeweils **Mehl**, **geschlagenen Eiern** und **Semmelbröseln** füllen.
- In einer größeren **Pfanne Maiskeimöl** (circa 1,5 Zentimeter hoch) stärker erhitzen. Die Schnitzel zuerst in Mehl, dann in Ei und zuletzt in Semmelbröseln wenden, mit der Handfläche gut drücken. Danach ab in die Pfanne.
- Die Hitze am Herd so regulieren, dass die Schnitzel schön vor sich hinbrutzeln, ohne dass das Fett spritzt! Wenn sie eine schöne Farbe angenommen haben, auf **Küchenpapier** abtropfen lassen.

Dazu passt:
Petersilienkartoffeln, Reis, Salat (siehe Rezepte Seite 93 und 96).

○ War besonders leicht zu kochen ○ Lieblingsgericht von ....
○ Das schmeckt den Kleinen! ✓ Für die stillende Mutter

Huhn mit Mole (Schokosauce)

4 Hühnerkeulen
vom Bio-Freilandhuhn
2 Stängeln Rosmarin
1 TL Safranfäden
1 TL Zimt
2 EL Olivenöl
Pfeffer
1 Zwiebel
1 Knoblauchzehe
etwas Chilipulver
250 g geriebene Kochschokolade
1 TL Gemüsebrühe/Suppenpulver
2 EL Pinienkerne
1 klein geschnittene reife Banane
1 klein geschnittene Mango
1 klein geschnittene Tomate
Zimt
1 TL Nelkenpulver

- **Hühnerkeulen** mit **Rosmarin**, **Safranfäden**, **Zimt**, **Olivenöl** und etwas **Pfeffer** marinieren.
- Danach beidseitig anbraten: in die sehr heiße **Pfanne** geben, aber nicht bewegen, damit sie nicht gedünstet werden. Dann für 15 Minuten in den **Backofen** bei 250° C.
- Gehackte **Zwiebel** mit einer ganzen geschälten **Knoblauchzehe** in **Olivenöl** leicht anbrutzeln, bis sie etwas Farbe annimmt. **Chilipulver**, klein geriebene **Kochschokolade** und **1 Tasse Wasser** mit **Gemüsebrühe** dazugeben.
- Danach **Pinienkerne**, **Banane**, **Mango**, **Tomate** und etwas **Pfeffer** hinzufügen, mit **Zimt** und **Nelkenpulver** vermischen. Das Ganze so lange leicht einkochen lassen, bis das Obst vollständig weichgekocht ist, dann mit dem **Stabmixer** pürieren.
- Die Hühnerkeulen mit der Sauce und z. B. Safranreis (siehe Rezept Seite 97) servieren.

○ War besonders leicht zu kochen ○ Lieblingsgericht von ....
○ Das schmeckt den Kleinen! ○ Für die stillende Mutter

Bunte Spieße in Zimtsauce

2 Tassen Basmati-Reis
Salz
⅛ l Teriyaki-Sauce
2 EL Ahornsirup
1 Zimtstange
2 große Hühnerbrustfilets vom Bio-Freilandhuhn
1 Zucchini
1 Karotte
1 Bund Jungzwiebel
1 gelbe Paprikaschote
Spieße (Holz oder Metall)
Öl

- Gewaschenen **Basmati-Reis** in **2 Tassen Salzwasser** aufkochen, von der Kochstelle nehmen, zudecken und 17 Minuten dünsten lassen.
- **Teriyaki-Sauce** und **Ahornsirup** mit der **Zimtstange** 10 Minuten lang köcheln lassen und zur Seite stellen.
- **Hühnerbrustfilets** in kleine Stücke schneiden.
- **Zucchini** und **Karotte** waschen, mit dem **Gemüseschäler** in dünne Scheiben schneiden und die Scheiben einrollen, **Jungzwiebel** vom Grün befreien und halbieren, **Paprikaschote** entkernen und in 2 mal 2 Zentimeter große Stücke schneiden.
- **Spieße** stecken: Huhn – Paprika – Huhn – Zucchini – Karotte – Huhn – Jungzwiebel.
- In einer **Pfanne Öl** erhitzen, Spieße darin circa 4 Minuten braten, bis die Hühnerstücke gut durch sind. Zum Schluss die Sauce in die Pfanne geben.
- Spieße mit Sauce und Reis servieren.

○ War besonders leicht zu kochen
○ Das schmeckt den Kleinen!
○ Lieblingsgericht von ....
✔ Für die stillende Mutter (ohne Zwiebel)

Asiatisches Huhn mit Chili-Dip

4 Hühnerbrustfilets vom Bio-Freilandhuhn
10 cm Ingwer
Currypulver
1 EL Fischsauce
3 EL Sojasauce
¼ l Weißwein
Gemüsebrühe/Suppenpulver
½ EL brauner Zucker
1 EL Austernsauce
1 EL Currypaste
1 EL Butter
⅛ l Chilisauce
1 EL frischer klein geschnittener Koriander
1 EL klein geschnittener Knoblauch
1 EL klein geschnittener Ingwer

- **Hühnerbrust** putzen, waschen und mit **Küchenpapier** trockentupfen. **Ingwer** auf der **Gemüsereibe** fein reiben und über dem Fleisch auspressen. Mit etwas **Currypulver**, **Fischsauce** und **2 Esslöffeln Sojasauce** mischen und über Nacht marinieren.
- Am nächsten Tag den **Weißwein** so lange köcheln lassen, bis sich die Konsistenz verändert (= reduzieren), mit ⅛ Liter Gemüsefond (am einfachsten aus **Wasser** mit etwas **Gemüsebrühe**) aufgießen.
- **1 Esslöffel Currypulver** dazugeben, Huhn inklusive Marinade hinzufügen. **Braunen Zucker**, **1 Esslöffel Sojasauce**, **Austernsauce**, **Currypaste**, **Butter** und **2 Esslöffel Wasser** dazugeben und circa 8–10 Minuten köcheln lassen.
- Hühnerbrust herausnehmen, gegen die Maserung in 1 Zentimeter dicke Stücke aufschneiden, wieder zurück in die Sauce geben und circa 5 Minuten gut durchkochen.
- Und nun zum Chili-Dip: **Chilisauce** aus der Flasche mit **Koriander**, **Knoblauch** und **Ingwer** vermischen.

○ War besonders leicht zu kochen
○ Lieblingsgericht von ....
○ Das schmeckt den Kleinen!
○ Für die stillende Mutter

Dazu passt:

z. B. Reis, Glasnudelsalat (siehe Rezepte Seite 88 und 96).

Branzino im Ganzen gebraten
mit Süßkartoffel-Chips

4 Stück Branzino/Wolfsbarsch,
geputzt, entschuppt und ausgenommen
8 Knoblauchzehen
frische Kräuter: Thymian, Petersilie und Estragon
Öl
½ kg Süßkartoffeln

- **Branzinos** unter fließendem kaltem Wasser waschen.
- Zerdrückte **Knoblauchzehen** sowie **frische Thymian**-, **Petersilien**- und **Estragonzweige** in den Fischbauch stecken.
- Branzinos auf eine **geölte Alufolie** legen und bei 180° C 30 Minuten im **Backofen** braten.
- **Süßkartoffeln** waschen, schälen und mit dem **Gemüseschäler** in Streifen schneiden. In heißem Öl herausbacken.
- Den fertig gebratenen Fisch mit Süßkartoffel-Chips anrichten.

○ War besonders leicht zu kochen
○ Das schmeckt den Kleinen!
○ Lieblingsgericht von ....
☑ Für die stillende Mutter (ohne Knoblauch)

Fisch-Curry

500 g weißer Fisch
½ klein geschnittene Zwiebel
1 TL Bockshornkleesamen
10 Curryblätter
2 klein geschnittene Knoblauchzehen
1 TL Zimt
1 TL schwarze Senfkörner
1 Prise gemahlene Muskatnuss
¾ l Kokosmilch
1 EL Currypulver
1 TL Safran
Saft von ½ Zitrone
Salz

- **Fisch** gut waschen, in mundgerechte Stücke schneiden, mit **Zwiebel**, **Bockshornkleesamen**, **Curryblättern**, **Knoblauch**, **Zimt**, **Senfkörnern**, **Muskatnuss**, ½ **Liter Kokosmilch**, **Currypulver**, **Safran** und **Zitronensaft** zum Kochen bringen.
- Nochmals ¼ **Liter Kokosmilch** hinzufügen, **salzen**, kurz aufwallen lassen – fertig.

○ War besonders leicht zu kochen
○ Das schmeckt den Kleinen!
○ Lieblingsgericht von ....
○ Für die stillende Mutter

Dazu passt:

Basmati-Reis.

Gute Laune kann man essen

Was man in den ersten Tagen nach der Geburt anziehen sollte, ist vor allem ein starkes Nervenkostüm. Vielleicht schreit Ihr Kind häufig, und Sie wissen nicht, warum. Die Ohnmacht, diesem kleinen Wesen jetzt nicht helfen zu können, treibt Sie in den Wahnsinn. Dazu kommt: Ihre Partnerin ist schlecht gelaunt, übermüdet oder depressiv. Oder alles zusammen. Denn der Baby-Blues ist alles andere als ein Märchen. Aber auch Sie kostet das Mindestpensum an Schlaf und die innere Unruhe, ob Sie ja alles richtig machen, viel Kraft.

Da hilft nur eines: essen. Und zwar Glückshormone. Das körpereigene Glückshormon Serotonin ist dafür da, Harmonie, Zufriedenheit und Entspannung zu vermitteln. Erhöht man es, hebt sich auch die Laune. Klingt einfach! Und schmeckt auch noch gut. Viele der Glücksbotenstoffe befinden sich in den Rezepten in diesem Buch. Doch wenn Sie die Dosis erhöhen möchten, dann bitte sehr: Hier finden Sie alle Verstecke, in denen Glückshormone schlummern.

In Süßem oder Fettem ist viel davon enthalten – darum schmeckt es wahrscheinlich auch so gut! Doch die zusätzlichen Kilos werden vor allem Ihre Partnerin unglücklich machen. Daher lieber zu Pasta, Kartoffeln, Reis und Vollkornprodukten greifen – sie haben einen etwas geringeren Effekt, sind aber viel gesünder.

Auch Bananen machen gute Laune. Oder exotische Früchte wie Ananas und Papaya. Avocados gehören ebenfalls zu den Stimmungsmachern. Anis und Fenchel lassen einen die Welt wieder positiv sehen. Und die bodenständige Tomate macht fröhlich. Natürlich kann man auch zu einem Stück Schokolade greifen. Stark anregend wirken auch Hasel- und Erdnüsse. Und noch ein Tipp: Fisch, mageres Fleisch, Milch, Käse, Quark/ Topfen und Hühnerfleich sind reich an Tryptophan, der Vorstufe des „Glücklichmachers" Serotonin.

Übrigens: Vorfreude hebt ebenfalls den Serotoninspiegel – und hat dazu noch nullkommanull Kalorien. Wie wäre es mit der Vorfreude auf ein richtig gutes Essen?

Thai Fried Noodles
mit getrockneten Shrimps, Ei und Gemüse

250 g rohe Erdnüsse
500 g breite Glasnudeln
8 getrocknete Shiitake-Pilze
(aus der Asia-Abteilung im Supermarkt)
3 Knoblauchzehen
3 Karotten
2 gelbe Rüben
250 g Thai-Brokkoli
oder Pak Choi oder Mangold
2–3 EL Maiskeimöl
1 EL kleine getrocknete Shrimps
(aus dem Asia-Laden)
Austernsauce
2 TL Tamarindensirup
evtl. etwas Gemüsebrühe/Suppenpulver
Sojasauce
125 g Tofu
2 Hühnerbrustfilets vom Bio-Freilandhuhn

- **Erdnüsse** (z. B. aus dem India- oder Ayurveda-Shop am Markt) rösten: In einer beschichteten **Pfanne** bei großer Hitze unter ständigem Rühren erhitzen. Vorsicht – sobald die Erdnüsse beginnen, Farbe anzunehmen, geht es sehr schnell: dabeistehen und aufpassen, dass sie nicht verbrennen.
- **Glasnudeln** circa 20 Minuten in kaltem Wasser, **Shiitake-Pilze** in lauwarmem Wasser einweichen.
- **Knoblauchzehen** schälen und in dünne Scheiben schneiden, **Karotten** und **gelbe Rüben** waschen, schälen, schräg in Scheiben und diese wiederum in dünne Stifte schneiden.
- **Thai-Brokkoli** oder Alternativen waschen, Stängel in 1 Zentimeter große Stücke, Blätter in 2 Zentimeter breite Streifen schneiden. **Shiitake-Pilze** aus dem Wasser nehmen, Wasser aufheben – falls sich Sand abgesetzt hat, das Wasser durch ein **Sieb** abgießen, damit es sauber ist. Pilze ein wenig ausdrücken und in circa 5 mm breite Streifen schneiden. Glasnudeln abseihen.
- Und jetzt geht's los: In einer möglichst großen beschichteten **Pfanne Maiskeimöl** erhitzen, Knoblauchblättchen dazu und ein wenig brutzeln lassen, bis sie eine leicht goldene Farbe bekommen. Getrocknete **Shrimps** (nicht wundern, das stinkt zuerst bestialisch) dazugeben, rühren und ein bisschen anrösten lassen. Glasnudeln beifügen.
- Nun nacheinander das Gemüse dazugeben – hier gilt immer: Die Reihenfolge richtet sich nach der Garzeit. Zuerst die Brokkolistängeln, dann Karotten und gelbe Rüben, etwas später die Pilze. Dann mit **etwas (⅛ bis ¼ Liter) Shiitake-Wasser** ablöschen, mit **Austernsauce** „salzen", **Tamarindensirup** dazugeben. Die Glasnudeln saugen fast die gesamte Flüssigkeit auf. Daher kann man ruhig etwas mehr Shiitake-Wasser oder auch **Wasser** mit etwas **Gemüsebrühe** dazugießen, wenn man das Gefühl hat, dass das Ganze sonst anbrennen könnte oder zu trocken wird.
- Jetzt mit **Sojasauce** würzen, noch etwas **Austernsauce** dazugeben.
- **Hühnerbrust** in 2 Zentimeter große, **Tofu** in 1 Zentimeter große Würfel schneiden, zu den Noodles geben. Ein paar Minuten weiterköcheln lassen. Zuletzt die Thai-Brokkoli-Blätter dazugeben, dann einen Deckel auf die Pfanne und ein paar Minuten bei kleiner Flamme dünsten lassen.
- Mit gerösteten **Erdnüssen** bestreut servieren.

○ War besonders leicht zu kochen
○ Lieblingsgericht von ....
○ Das schmeckt den Kleinen!
○ Für die stillende Mutter

Süßes

Biskuitroulade
zum Sofort-Vernaschen

6 Eier
6 EL Rohrzucker
6 EL Mehl
(Dinkelvollkornmehl, Vollkornmehl oder im ungünstigsten Fall Weißmehl)
350 g Aprikosenkonfitüre/ Marillenmarmelade mit Fruchtstücken

- **Backofen** auf 160° C vorheizen. **Eier** in Eigelb und Eiweiß trennen. Das **Eiweiß** mit dem **Handmixer** auf höchster Stufe fest schlagen (nämlich so lange, bis man die Rührschüssel umdrehen kann und das Eiweiß drinnen fest hängen bleibt – viel Spaß!).
- Dann in einer anderen Schüssel **Eigelb** und **Rohrzucker** mit dem **Handmixer** auf höchster Stufe so lange schlagen, bis es fast schon weiß aussieht. **Mehl** unterheben (= vorsichtig mischen). Den Eischnee mit einem Kochlöffel (am besten mit Loch in der Mitte) sanft unterheben.
- **Backblech** mit **Backpapier** auslegen, den Teig darauf so verstreichen, dass das Ganze eine halbwegs gleichmäßige Ebene ergibt. Nun in den Backofen damit (bei Oberhitze-Backofen eher weiter unten, damit nicht ungleichmäßig gebacken wird). Wenn der Teig ein bisschen braune Farbe annimmt (nach circa 15 Minuten), ein frisches **Küchenhandtuch** nass machen und auswringen, Backblech rausnehmen, mit dem Handtuch zudecken und das Ganze umdrehen, damit der Teig im Endeffekt auf dem Handtuch liegt. Backpapier abziehen und den Teig mit dem feuchten Handtuch eng ein- und nach ein paar Sekunden wieder ausrollen, damit das Biskuit später beim Einrollen nicht bricht.
- Mit **Aprikosenkonfitüre** bestreichen, zusammenrollen und gleich essen.

- [ ] War besonders leicht zu kochen
- [ ] Das schmeckt den Kleinen!
- [ ] Lieblingsgericht von ……………
- [x] Für die stillende Mutter

Tipp:

Wenn man lieber Schokofüllung mag: 2 Eigelb mit 40 g Zucker schaumig schlagen (wie oben), 75 g Kochschokolade und 80 g Butter im heißen Wasserbad zerlassen und vermischen. Damit die Roulade füllen und zusammenrollen. Eventuell auskühlen lassen, damit sich die Creme festigen kann.

5-Elemente-Gugelhupf

4 Eier
150 g Rohrzucker
1 Päckchen Vanillezucker
1 TL Zimt
125 g klein geschnittene Butter
⅛ l Sojamilch
gemahlene Muskatnuss
Salz
100 g Reismehl
½ Päckchen Weinstein- oder „normales" Backpulver
geriebene Schale von 1 Zitrone
1 TL Kardamom
150 g geriebene Walnüsse
3 EL Kakaopulver
Semmelbrösel

- **Eier** in Eigelb und Eiweiß trennen. **Eigelb** und **Rohrzucker** mit dem **Handmixer** schaumig schlagen. **Vanillezucker**, **Zimt** und **Butterstücke** dazurühren, weiterschlagen, bis die Masse anfängt, sich weißlich zu verfärben.
- **Sojamilch**, je eine Prise **Muskatnuss** und **Salz**, **Reismehl**, **Backpulver**, **Zitronenschale**, **Kardamom** und geriebene **Walnüsse** hinzufügen, gut durchrühren.
- Die Hälfte des Teiges in eine weitere **Schüssel** geben und mit **Kakaopulver** färben.
- Jetzt das **Eiweiß** der 4 Eier steif schlagen und unter die beiden Teighälften heben.
- Eine **Gugelhupfform** befetten und mit **Semmelbröseln** ausstreuen. Beide Teige nacheinander hineingießen und den Gugelhupf bei 180° C circa 45 Minuten backen.

- [ ] War besonders leicht zu kochen
- [ ] Das schmeckt den Kleinen!
- [ ] Lieblingsgericht von ....
- [x] Für die stillende Mutter

Das leichte Apfelkompott

4 leicht säuerliche Äpfel
Saft von 1 Zitrone
1 Zimtstange
4 Gewürznelken
1 EL Rohrzucker

- **Äpfel** waschen, schälen, entkernen und in mundgerechte Stücke schneiden. In einen **Topf** mit ½ **Liter Wasser** und **Zitronensaft** geben.
- **Zimtstange** und **Gewürznelken** beigeben, **Rohrzucker** dazu (nach Geschmack, muss auch nicht sein) und zum Kochen bringen.
- Sobald das Kompott aufwallt, Kochplatte abdrehen, **Deckel** auf den Topf geben und das Kompott auskühlen lassen.

○ War besonders leicht zu kochen ○ Lieblingsgericht von ....
○ Das schmeckt den Kleinen! ✔ Für die stillende Mutter

Hafermilchreis
mit Orangen, Datteln und Zimt

5 Orangen
viel Zucker
1 Tasse Risotto-Reis
1 Tasse Hafermilch
2 EL Rohrzucker
4 Datteln
Zimt
Vanille
1 Scheibe Butter

- Alle **Orangen** zum Kandieren mit einem **Gemüseschäler** schälen. Die Schalen mit **Wasser** kochen, Kochwasser durch ein **Sieb** abgießen, um die Schalen von Schadstoffen zu befreien. Schalen mit **frischem Wasser** und viel **Zucker** erneut aufkochen und so lange einkochen, bis das Ganze sehr dickflüssig wird.
- **2 Orangen** filettieren.
- **Reis** kurz trocken anbraten, mit **je 1 Tasse kochendem Wasser** und **Hafermilch** aufgießen, **Zucker** hinzufügen.
- **Datteln** in Ringe schneiden, dazugeben, mit **Zimt** und **Vanille** würzen und die **Butter** einrühren.
- Orangenschalen im Zuckersirup noch einmal anwärmen.
- Wenn der Reis weich, aber im Kern noch ein wenig knackig ist, anrichten, ein wenig Hafermilch darübergießen, Orangenschalen daraufgeben, mit Zimt einen Strich darübersetzen, Orangenfilets rundherum platzieren.

Tipp:
Die 3 verbliebenen geschälten Orangen am besten mit anderen Obstsorten zu einem „Macedonia“ verarbeiten – diesen klingenden Namen haben die Italiener für Obstsalat.

○ War besonders leicht zu kochen ○ Lieblingsgericht von ....
○ Das schmeckt den Kleinen! ✔ Für die stillende Mutter

In einem Haushalt mit kleinen Kindern gibt es immer wieder Bananen. Und wo Bananen sind, sind oft auch braune unansehnliche Exemplare. Wem wie mir das Herz dabei bricht, Lebensmittel wegzuwerfen, weil sie nicht mehr ganz so gut aussehen, dem wird des folgende Rezept viel Freude bereiten:

Jamaikanisches Bananabread

300 g glattes Mehl
3 TL Backpulver
½ TL Salz
½ TL geriebene Muskatnuss
125 g klein geschnittene Butter
250 g Zucker
1 Ei
3 sehr reife Bananen
125 ml Milch
1 Packung Vanillezucker
Butter
Semmelbrösel

- **Mehl** mit **Backpulver**, **Salz** und **Muskatnuss** gut vermischen.
- **Butter** und **Zucker** mit einem **Handmixer** gut cremig schlagen (sollte so richtig schön weiß und glänzend aussehen).
- **Ei** in einer weiteren Schüssel schlagen, die **Bananen** (können beim Kauf ruhig schon etwas weicher und auch ein bisschen braun sein – das ist nur Fruchtzucker) zu Brei zerdrücken und dazugeben. Bananen-Ei-Brei zum Butter-Zucker-Gemisch rühren.
- Nun abwechselnd das Mehl-Gemisch und die Milch löffelweise hinzufügen. **Vanillezucker** ebenfalls dazu und weiter gut verrühren.
- In eine mit **Butter** befettete und mit **Semmelbröseln** ausgestreute **feuerfeste Form** (bzw. Kuchenbackform) geben und im vorgeheizten **Backofen** bei 180° C circa 1 Stunde auf der untersten Schiene backen, bis der Teig braun ist.
- Durch Stiche mit einem langen **Messer** testen, ob das Bananabread fertig ist – wenn dem so ist, kommt das Messer wieder sauber heraus. Wenn nicht, noch ein Weilchen weiterbacken.

- [ ] War besonders leicht zu kochen
- [ ] Das schmeckt den Kleinen!
- [ ] Lieblingsgericht von ....
- [x] Für die stillende Mutter

Mousse au chocolat

4 Eier
2 EL Puderzucker/Staubzucker
1 Schuss Cointreau nach Geschmack
170 g Schokolade
mit 60 % Kakaoanteil
(oder verschiedene Schokoladesorten)
125 g Butter
250 ml Schlagsahne/Schlagobers

- **Eier** in Eigelb und Eiweiß trennen, **Eigelb** mit **Puderzucker** schaumig rühren, nach Geschmack **Cointreau** vorsichtig über Hitze (man sollte es über Wasser machen – auf der Kochplatte auf ganz niedriger Temperatur geht es auch) mit dem Handschneebesen sehr schnell einrühren, bis eine sämige Eicreme entsteht. In kaltem Wasserbad kühlen.
- **Schokolade** klein reiben, schmelzen, **Butter** dazu. Eicreme schnell in die Schokolade einrühren.
- Kalte **Schlagsahne** schlagen, bis sie sämig, aber nicht steif ist. Unterheben.
- Das **Eiweiß** der 4 Eier fest schlagen und langsam (!) in die Schokocreme einrühren.
- Mindestens 6 Stunden im Kühlschrank ziehen lassen.

○ War besonders leicht zu kochen
○ Das schmeckt den Kleinen!
○ Lieblingsgericht von ....
☑ Für die stillende Mutter

Tipp:
Was immer gut zu einem Mousse au chocolat passt, sind z. B. Tiefkühlbeeren, die man kurz aufkocht und durch ein Sieb streicht.

Noch ein Tipp:
Wem die Herstellung eines Mousse au chocolat zu mühsam ist, dem empfehle ich ein Mousse-au-chocolat-Pulver (z. B. das von Dr. Oetker), das nur noch mit Schlagsahne oder Milch vermischt werden muss. Wer dem Ganzen noch eine besondere Note verleihen will, gibt 1 Tropfen Pfefferminzöl dazu, so erhält man ein „After-Eight"-Mousse.

Vater und Sohn

Manche Väter sind Gärtner. Sie bereiten den Boden auf, sorgen für genügend Wasser und Licht, entfernen Unkraut. Damit sich ihr Kind entfalten kann. Manche Väter sind Schatzsucher. Sie gehen auf die Suche nach den Talenten und Fähigkeiten ihres Kindes. Sie nehmen etwas wahr, das vielleicht noch gar nicht so klar ist. Graben es aus, bringen es ans Licht, fördern es. Ohne es zu beeinflussen. Ohne es zu interpretieren und ohne sich allzu sehr einzumischen. Das ist eine Gratwanderung, doch mit einer Partnerin an der Seite und einer Portion Aufmerksamkeit geht das schon. Manche Väter sind Leuchtturmwärter. Sie sehen ihr Kind in ihrem eigenen Licht. Geben ihm Geleit, um sich zu entwickeln, und tun vor allem eines: Sie nehmen es so an, wie es ist. Vater zu sein, ist die natürlichste Sache der Welt. Man ist es einfach. Da braucht es keine spezielle Vaterrolle, kein gesondertes Verhalten. Was es braucht, ist Zeit. Zeit, um über die Fähigkeiten seines Kindes zu staunen. Und davon kann es nie genug geben.

All diese Väter sind auch Söhne. Erziehungsmuster tauchen da plötzlich aus der eigenen Kindheit auf. „Iss langsam, kau gründlich" – das erinnert an die mahnenden Worte des eigenen Vaters. Jetzt kann man darüber lächeln, vor allem dann, wenn man es zu seinen eigenen Kindern sagt und dabei auch noch denselben Tonfall wählt. Durch den Blick, den man nun als Vater auf sich als Sohn hat, werden Zusammenhänge klarer, verändern sich Sichtweisen. „Meiner stand wie eine Kavallerie hinter mir", sagt ein frisch gebackener Vater über das gute Gefühl, sich in Sicherheit zu wiegen, wenn es einmal brenzlig wurde. Vielleicht ist es das, was einem nun klar wird: die bedingungslose Liebe des eigenen Vaters. Und der Versuch, ein guter Vater zu sein.

Vanille-Omelette Max
auf Erdbeer-Rhabarber-Röster

½ Bund Rhabarber
250 g Erdbeeren
6 EL Mehl
4 Eier
Milch
1 Vanilleschote
4 EL Zucker
Ghee
Kakaopulver
Puderzucker/Staubzucker

- **Rhabarber** schälen (Fäden ziehen) und schräg in gleich große Stücke schneiden. Einzuckern und stehen lassen, der Rhabarber lässt jetzt Wasser, das man in der Folge dazu verwendet, ihn zu kochen. Einmal aufkochen und gleich von der Kochstelle nehmen – geht ganz schnell.
- Mit den **Erdbeeren** genauso vorgehen. Erdbeeren aufkochen, dann Rhabarber dazugeben, noch einmal aufkochen und von der Kochstelle nehmen.
- **Eier** in Eigelb und Eiweiß trennen. Für den Teig **Mehl** mit **Eigelb** und einem Schuss **Milch** glatt rühren. **Vanilleschote** auskratzen, Mark dazugeben und den Teig glatt rühren, bis er zähflüssig ist.
- **2 Esslöffel Zucker** dazugeben, etwas ziehen lassen.
- **Eiweiß** mit **2 Esslöffel Zucker** zu Schnee schlagen, diesen vorsichtig unterziehen. Eine **Pfanne** mit **Ghee** erhitzen, runde dicke Omelettes aus dem Teig backen.
- Mit Erdbeer-Rhabarber-Röster anrichten und mit etwas **Kakao-pulver** und **Puderzucker** bestreut servieren.

○ War besonders leicht zu kochen
○ Das schmeckt den Kleinen!
○ Lieblingsgericht von ....
✓ Für die stillende Mutter

Ingwer-Sorbet

9 EL Zucker
3 Eier
1 Eigelb
etwas Gin
geriebener frischer Ingwer
Schale von 1 Zitrone
1 Packung Vanillezucker
2 TL Palmzucker
¼ l Schlagsahne/Schlagobers

- **Zucker** mit **Eiern** und **Eigelb** über Dampf schlagen, bis die Masse warm ist. Einen Schuss **Gin** dazu, eine gute Handvoll geriebenen **Ingwer** mit der Hand auspressen und mit der **Zitronenschale** unterrühren. Mit einem **Handmixer** kalt schlagen. **Vanille**- und **Palmzucker** dazugeben, bis die Konsistenz durch und durch weich und flaumig ist.
- Wenn man mehr Zucker dazugeben will, diesen vorher (z. B. in Ingwersaft) auflösen.
- **Schlagsahne** schlagen, die Masse vorsichtig unterheben – eher zu vorsichtig als zu stark, sonst wird die Luft herausgeschlagen. Zudecken und ab in den Tiefkühler. Nach circa 5 Stunden (je nach Kühltemperatur) ist das Sorbet servierbereit.

- [ ] War besonders leicht zu kochen
- [ ] Das schmeckt den Kleinen!
- [ ] Lieblingsgericht von ....
- [x] Für die stillende Mutter

Karamel-Eis

½ l Milch
200 g Zucker
4 Eigelb

- **Milch** zum Kochen bringen. **Zucker** in einem **Topf** bei höherer Temperatur unter ständigem Rühren braun werden lassen. Mit der heißen Milch aufgießen und von der Kochstelle nehmen.
- **Eigelb** verquirlen, die Karamellmilch ganz schnell unterrühren.
- Für mindestens 5 Stunden in den Tiefkühler geben.

- [ ] War besonders leicht zu kochen
- [ ] Das schmeckt den Kleinen!
- [ ] Lieblingsgericht von ....
- [x] Für die stillende Mutter

Die Quitte gehört wie der Apfel- und Birnenbaum zu den Rosengewächsen und sieht aus wie eine Mischung aus beiden. Quitten sind besonders duftende, aromatische Früchte, die sich hervorragend zu Mus, Strudel und Gelee verarbeiten lassen. Das Kerngehäuse und die Kerne haben einen hohen Pektingehalt, wodurch das Einkochen der Früchte ohne Gelierhilfe möglich ist. Neben dem klassischen Quittenkäs passt die Quitte auch, mit Zwiebel gebraten, zu raffinierten Rotkraut- und Kürbisgerichten. In Honig gebratene Quittenspalten schmecken hingegen gut zu Kaiserschmarren, Mohnnudeln oder Strudel!

Quittenkäs

500 g Quitten
500 g Zucker

- **Quitten** waschen, von „Filz“ und Kerngehäuse befreien und zerkleinert mit etwas Wasser weich kochen. Dann mit dem **Stabmixer** pürieren und das Mus mit dem **Zucker** so lange bei schwacher Hitze köcheln lassen, bis es klumpig vom Löffel fällt.
- Nun die Masse etwa 1 Zentimeter dick auf ein mit **Backpapier** ausgelegtes **Backblech** auftragen und bei 50° C im **Backofen** bei leicht geöffneter Tür trocknen. Zwischendurch einmal wenden und dann in kleine Würfel schneiden.

○ War besonders leicht zu kochen ○ Lieblingsgericht von ....
○ Das schmeckt den Kleinen! ✓ Für die stillende Mutter

Karottentorte

5 Eier
250 g Kristallzucker
1 EL Vanillezucker
120 g Weizenvollkornmehl
½ Packung Backpulver
250 g geriebene Mandeln
250 g geriebene Karotten
1 Zitrone
1 TL Zimt
Butter
Semmelbrösel
Johannisbeerkonfitüre/Ribiselmarmelade
Puderzucker/Staubzucker

- **Eier** in Eigelb und Eiweiß trennen. **Eigelb** mit **Kristall-** und **Vanillezucker** schaumig rühren.
- **Weizenvollkornmehl** mit **Backpulver** vermischen und unter die Eier-Zucker-Masse rühren.
- **Mandeln**, **Karotten**, Saft und abgeriebene Schale einer **Zitrone** und 1 TL **Zimt** mischen und ebenfalls unterrühren.
- **Eiweiß** zu Schnee schlagen und unter die Masse heben.
- Eine **Kuchenform** mit circa 28 Zentimeter Durchmesser mit **Butter** befetten und mit **Semmelbröseln** ausstreuen oder mit **Backpapier** auslegen. Teig einfüllen und bei circa 180° C etwa 45 Minuten lang backen.
- Nach dem Backen auskühlen lassen, mit **Konfitüre** bestreichen und mit Puderzucker bestreuen.

○ War besonders leicht zu kochen ○ Lieblingsgericht von ....
○ Das schmeckt den Kleinen! ✓ Für die stillende Mutter

Weihnachtskekse

Kathis Schokoladekugeln

80 g weiche Butter
100 g Kochschokolade
100 g Walnüsse
100 g Puderzucker/Staubzucker

- **Butter** schaumig rühren. **Schokolade** und **Walnüsse** reiben, zur schaumig gerührten Butter hinzufügen, **Puderzucker** dazurühren. 1 Stunde kalt stellen.
- Masse teelöffelweise auf ein **Backblech** setzen und langsam bei 120° C circa 15 Minuten lang backen.

Ingwertaler

150 g weiche Butter
3 EL abgeriebene Schale von unbehandelten Orangen
1 Ei
1 Eigelb
200 g geriebene Mandeln
100 g Puderzucker/Staubzucker
1 EL Zitronensaft
180 g kandierter Ingwer

- **Butter**, **Orangenschalen** und **1 Ei** schaumig rühren. **Mandeln** mit **Puderzucker** mischen, mit dem **Zitronensaft** unterrühren. Den Teig zu 2 Rollen formen, in **Alufolie** einwickeln und 3 Stunden rasten lassen.
- **Backofen** auf 180° C vorheizen. Taler formen (z. B. Scheiben von der Rolle abschneiden oder Kugeln formen, die man flachdrückt), mit **Eigelb** bestreichen, zu Dekorzwecken klein geschnittenen kandierten **Ingwer** auf die Taler setzen.
- 12–15 Minuten bei 180° C goldgelb backen.

Achtung – die Spitzenkekse gehören zur seltenen Gattung jener Weihnachtskekse, die man bereits am Vortag vorbereitet! Dafür geht's am nächsten Tag umso schneller …

Spitzenkekse

200 g Butter
170 g Haferflocken
275 g Rohrzucker
Salz
1 EL Ahornsirup
3 EL Mehl
1 Ei
1 TL Vanillezucker

- **Butter** in einem **Topf** schmelzen, bis sie flüssig ist, und mit **Haferflocken** und **Rohrzucker** gut vermischen. Über Nacht bei Zimmertemperatur stehen lassen.
- Am nächsten Tag den **Backofen** auf 180° C vorheizen. **Salz**, **Ahornsirup**, **Mehl**, **Ei** und **Vanillezucker** zur Masse geben, alles gut mischen.
- **Backbleche** mit **Backpapier** auslegen und jeweils 1 Teelöffel der Masse im Abstand von 5 Zentimeter setzen.
- Spitzenkekse circa 7 Minuten backen. Nach dem Herausnehmen auf dem Backpapier lassen, da sie sonst sofort zerbrechen. Erst nach dem Abkühlen die Kekse vom Backpapier lösen.

Register

Glossar

Carob: Frucht des Johannisbrotbaums, Carobpulver wird in der modernen Küche wie Kakao eingesetzt, ist aber sehr fettarm und frei von anregenden Substanzen wie Koffein.

Couscous: wird hauptsächlich aus Hartweizengrieß hergestellt, sein besonderer Vorteil in der schnellen Küche ist, dass er nicht gekocht, sondern nur über kochendem Wasser gedämpft bzw. mit kochendem Wasser übergossen werden muss.

Galgant: Heil- und Gewürzpflanze, wird statt Pfeffer verwendet und passt überall, wo es würzig und scharf schmecken soll.

Garam masala: indische Gewürzmischung, traditionellerweise bestehend aus Koriander, Kreuzkümmel, schwarzem Pfeffer, grünem Kardamom, Nelken und Zimt.

Ghee: Butterschmalz mit Eigenschaften ähnlich wie eigentliches Schmalz, jedoch aus Butter erzeugt. Durch den geringen Wassergehalt wesentlich länger haltbar als Butter und stärker erhitzbar, daher auch zum Braten und Frittieren geeignet.

Kardamom: Gewürz in der asiatischen Küche, Hauptbestandteil indischer Masalas und des ihnen nachempfundenen Currypulvers.

Kurkuma (Gelbwurz): Gewürz mit kräftigem gelbem Farbton, der für viele indische Gerichte so typisch ist. Da Gelbwurzpulver (im Gegensatz zu Safran) preiswert ist und nahezu antiseptisch wirkt, wird es bei der Zubereitung von Hülsenfrüchten und Gemüse großzügig eingesetzt.

Tahin: Paste aus feingemahlenen Sesamkörnern, Grundzutat des Hummus und u. a. wegen des hohen Vitamin- und Calcium-Gehalts bei Vegetariern als Alternative zu Brotaufstrichen wie Erdnussbutter sehr beliebt.

Tamarinde: Frucht eines großen subtropischen Baums, die breiten Bohnenschoten ähnelt. Das Fruchtfleisch kann als Obst gegessen, zu Süßigkeiten verarbeitet oder als Gewürz verwendet werden.

Autoren

Tatjana Novak ist begeisterte Köchin und Mutter eines inzwischen 5-jährigen Sohnes. Sie kommt zwar aus einer österreichischen Gastronomenfamilie, aber zahlreiche Reisen rund um den Globus geben ihren Rezepten internationales Flair. Alle Rezepte in diesem Buch stammen aus ihrer Feder.

Gabi Weiss kann nicht kochen, dafür schreiben. Ihr erstes Sachbuch, „Haubenküche zum Beislpreis“, wurde mit 35.000 verkauften Exemplaren ein Bestseller. Und mit dem Gourmand Cookbook Award 2005 ausgezeichnet. Sie ist freie Autorin, die Texte in diesem Buch stammen von ihr.

Harald Eisenberger veröffentlichte zahlreiche Fotoarbeiten in europäischen Lifestyle- und Wohnmagazinen sowie in Büchern, u. a. „Zu Gast bei André Heller“ (2005 im Christian Brandstätter Verlag), „Afrika! Afrika! Das Kochbuch“ (2006 im Christian Brandstätter Verlag).